On the Road

Mit dem Campervan durch **Europa**

1VAN
withus2.com
RESTAURANT

Stephanie Rickenbacher & Lui Eigenmann

On the Road

Mit dem Campervan **durch Europa**

BRUCKMANN

Inhaltsverzeichnis

Oben: Tulpenfeld bei Lisse, Niederlande
Unten: Strandhauspromenade bei Aveiro, Portugal

Oben: Stürmisches Meer am Wild Atlantic Way in Irland
Unten: Klosteranlage von Sveti Naum am Ohrid-See in Nordmazedonien

Die Quelle der Save ist nur eine von vielen im Triglav-Nationalpark.

Über *uns*

WARUM WIR EINE REISE DURCH GANZ EUROPA MACHEN

Eine Wanderung durch den Tara-Nationalpark in Serbien, eine Fahrt durch die Halbwüste Bardenas Reales in Spanien oder ein Angelausflug am Nordkap in Norwegen: Europa hat weit mehr zu bieten als man glaubt. Ein Blick auf die Landkarte verrät, es sind 47 Länder, die zusammen unseren Kontinent ergeben und jedes einzelne dieser Länder ist eine Reise wert. Jedes einzelne dieser Länder verbirgt mindestens ein Naturwunder, und in jedem dieser Länder leben interessierte Menschen, so wie du und ich.

Wir haben es uns in den vergangenen 2,5 Jahren zum Ziel gemacht, jedes dieser 47 Länder mit dem Camper zu bereisen. Du fragst dich vielleicht, warum wir nicht geflogen sind. Ganz einfach, es gibt keine bessere Art und Weise, als Europa mit dem Camper zu bereisen. Mit dem Flugzeug reist man oft in eine Stadt, bleibt da einen oder zwei Tage und reist wieder ab. Mit dem Camper erlebt man ein Land als Ganzes. Man reist an einer Grenze ein, durchquert das Land und reist an einer anderen Grenze wieder aus. So erlebt man die Natur, die Straßen, die Dörfer und die Städte.

Wir reisen aber auch mit dem Camper, weil wir so unser Bett immer mit dabeihaben. Auf unserer Reise mussten wir nicht jeden Abend den Koffer ausräumen, eine Unterkunft suchen oder uns mit dem öffentlichen Nahverkehr beschäftigen. Mit dem Camper haben wir da angehalten, wo es uns gefallen hat, wir mussten uns an keine Abfahrtszeiten, an keinen Plan halten, wir waren frei. Wir haben an den schönsten Orten übernachtet und an den spannendsten Orten zu Mittag gegessen. So wie in Irland auf dem Wild Atlantic Way. Von einer Haltebucht aus hatten wir eine unfassbare Sicht auf den Ozean, doch der Hunger plagte uns. Kein Problem. Kühlschrank auf, Gasherd an, und zehn Minuten später konnten wir bereits unser Essen an einem der schönsten Orte Europas genießen.

Du musst wissen, wir sind Abenteurer, Naturkinder. Wir sind am liebsten draußen unterwegs, bei Wind und Wetter. Seit nun mehr

Oben: Zweisamkeit am Furkapass in den Schweizer Alpen genossen
Unten: Einer der schönsten Campingplätze Europas – Camping Lazy in der Slowakei

comewithus2.com

als 16 Jahre gehen wir als Paar und als Team durchs Leben, vertrauen und verstehen uns blind. Anders wäre diese verrückte 69 000 Kilometer lange Reise durch Europa wohl auch gar nicht möglich gewesen. Wir kamen nicht nur an Landesgrenzen, sondern auch an unsere persönlichen Grenzen, mussten mehr als nur ein Problem lösen und uns selber zu helfen wissen. Aber wir haben es geschafft, hinter uns liegt eine unvergessliche Reise über unseren Kontinent, die wir mit diesem Buch mit euch allen teilen wollen.

Mit dieser Reise haben wir uns in Länder »gezwungen«, die wir niemals als Urlaubsziele auf dem Plan hatten. Genau diese Länder sind es heute, die uns so sehr ans Herz gewachsen sind. Deren Namen lauten etwa Serbien, Rumänien oder Litauen. Länder, die wir vor der Reise kaum kannten, geschweige denn auf der Landkarte einzeichnen konnten. Genau das wollten wir mit unserer Tour ändern. Wir wollten unseren eigenen Kontinent, der so viel zu bieten hat, erfahren und spüren. Was bringt es uns, wenn wir Bali oder Australien kennen? Hier in Europa sind wir zu Hause, und genau hier findet man (fast) alles, was man oft weit weg sucht.

Da sind etwa die heißen Quellen in Spanien, der Urwald in Polen, die Eishöhle in Rumänien oder die Delfine im Bosporus. Jedes der 47 Länder in Europa hat seine Schätze, manchmal sind sie gut versteckt, manchmal sind sie bereits bekannt. Wir verraten euch in diesem Buch die Highlights: Wo man in Belgien mit Pferden fischen gehen kann, wo sich in Bosnien die Wildpferde verstecken oder wo du in Estland ganz nah an die russische Grenze kommst. Wir verraten dir die schönsten Stellplätze, die außergewöhnlichsten Restaurants und auch mit welcher Sprache du dich im Kosovo am besten verständigst.

Komm mit auf eine Reise durch ganz Europa, eine Reise durch 47 Länder und Kulturen und lass dich für deine nächste Camperreise inspirieren. Dazu verraten wir dir auch viel über uns, mit welchen Pannen und Problemen wir unterwegs zu kämpfen hatten, wo wir an unsere Grenzen kamen und warum Island und Kasachstan noch fehlen.

Wir fassen unser 2,5-jähriges Abenteuer gerne einfach mit den Worten »Europa ist geil« zusammen.

Steffi Rickenbacher & Lui Eigenmann

Oben: Sonnenuntergang an der Côte d'Azur
Unten: Durchs Küchenfenster schauen wir zum Azur Window auf Gozo.

Unser Campervan-Kauf- und Umbautipps

WAS WIR UNTERWEGS WIRKLICH BRAUCHEN

Ein Campervan ist etwas sehr Persönliches und gerade bei Selbstausbauten so individuell wie sein Besitzer. Dank zahlreicher gemieteter Campervans und Wohnmobile wussten wir schon relativ genau, was wir wollten und das ist es auch, was wir jedem raten: Nur wer weiß, was er persönlich möchte, kann sein Traummobil mit etwas handwerklichem Geschick selbst ausbauen.

Eine der ersten Fragen dabei ist, welchen Verwendungszweck das Fahrzeug haben soll. Wird es rein für Campingtrips eingesetzt oder soll es den Spagat zwischen Alltagsfahrzeug und Ferienhaus auf Rädern erfüllen? Ein riesiges Wohnmobilschiff macht im Berufspendleralltag keinen Sinn, genauso wenig ist ein Micro-Camper dafür gemacht, wochenlang komplett abseits von allem zu stehen – ihm fehlt schlicht der Platz für das nötige Equipment. Es ist also wie bei so manchem Projekt immer das Gleiche: Zuerst kommt die Planung. Es beginnt alles damit herauszufinden, was denn eigentlich die Ansprüche an das Fahrzeug sind.

Nachdem nun entschieden ist, wofür das Fahrzeug eingesetzt werden soll, kommen die eigenen Wünsche dazu. Wir hatten da drei Must-have-Punkte: erstens Stehhöhe, zweitens eine große Küche mit ordentlichem Kühlschrank und drittens einen gemütlichen Innenraum mit Arbeitstisch. Kompromissbereit waren wir hingegen beim Innenbad, und auch ein Umbau des Bettes zur Sitzgelegenheit war für uns okay. Da wir auch in Städten parken wollten, durfte das Fahrzeug nicht zu lang bzw. zu breit sein. Wegen der Stehhöhe war schnell klar, in Parkhäuser passen wir sowieso nicht (Aufstelldach ist nicht so das Unsere …), also spielte die Höhe keine entscheidende Rolle mehr.

Geworden ist es ein 5,30 Meter langer Opel-Movano-Kastenwagen mit gut 1,80 Meter Innenhöhe – wir sind beide nicht so groß, also passt das –, dazu eine Küche mit 3-Flammen-Herd und großem Waschbecken, ein 90-Liter-Kompressor-Haushaltskühlschrank,

Oben: Funkenflug beim Umbau – hier flext gerade Luis Dad eine Schraube ab.
Unten: Auch mit Frontantrieb geht's durch Pfützen und Schlaglöcher – hier auf Malta.

GIOTTO

der per Wechselrichter betrieben wird, und das Bett ist zur Hälfte umbaubar in einen Tisch mit zwei Bänken. Ein PortaPotti® ist als mobile Toilette mit an Bord, und die Pumpdusche kann wahlweise draußen oder im Inneren aufgebaut werden. Mit der Dachbox obendrauf haben wir unendlich viel Stauraum, den wir z. B. mit einem aufblasbaren Kanu, einer Angelausrüstung oder einem Tischgrill füllen. Denn obwohl unser Campervan innen komplett mit Laminat verkleidet ist, haben wir – dank der kurzen Version – noch genug Spielraum beim Gewicht, um all den Luxus mitnehmen zu können.

Ist der Fahrzeugtyp oder vielleicht sogar ein konkretes Modell bekannt, geht es an den Innenausbau. Je mehr Inspiration von verschiedenen Selbstausbauten sowie Modellen ab Werk eingeholt wird, desto genauer reifen die eigenen Pläne. Auch hier ist eine gute Planung das A und O. Im Internet gibt es übrigens super Tools zum Erstellen von 2-D oder sogar 3-D-Grundrissen. Die Designsoftware SketchUp oder auch der Ikea-Einrichtungsplaner sind gute Tools für die Planung. Wem das zu digital ist, der greift zu Stift und Papier oder baut sich mit Lego-Steinen seinen Campervan maßstabsgetreu in Klein einfach selber. Im Fahrzeug können auch Klebeband-Markierungen helfen, um ein erstes Raumgefühl zu bekommen.

Oben: Kochen ist Steffis Leidenschaft – mit einem 3-flammen-Herd geht das prima.
Unten: Auch ein bisschen Grün fährt mit, nebst Kaktus auch oft frische Kräuter.

Bevor nun einfach losgeschraubt wird, steht schon wieder Planung an. Dieses Mal muss geplant werden, was wo fest mit der Karosserie verschraubt/verklebt wird und wo genau Kabelstränge und Wasserleitungen durchführen. Das alles soll ja zum Schluss schön hinter der Verkleidung versteckt sein. Wo also soll die Versorgerbatterie hin, und an welchen Stellen sollen überall Steckdosen sein? Wie wird die Versorgerbatterie geladen? Wo willst du Kabelstränge zur Lichtmaschine und/oder zum Landstromanschluss einplanen? Soll Solar aufs Dach, muss die Dachdurchführung eingeplant werden? Reichen für deine Geräte 12 Volt oder brauchst du einen Wechselrichter, der die Spannung auf 230 Volt wandelt? Und beim Thema Strom ist die Sicherheit sehr wichtig! Wo gehören Sicherungen hin, und welche Kabeldicke muss bei deinen Distanzen im Fahrzeug gewählt werden? Hol dir hier auf jeden Fall Hilfe vom Profi, wenn du dir nicht sicher bist.

Jetzt ist auch der richtige Moment, um sich zu überlegen, mit welchem Energielieferanten du kochen willst, deine Heizung und der Boiler betrieben werden oder dein Kühlschrank bzw. deine Kühlbox laufen sollen. Sobald Gas ins Spiel kommt, prüfe unbedingt die Regeln und Gesetze und denk an den Gasmelder. Die meisten Prüfstellen geben übrigens auch Informationen vorab, damit du genau weißt, worauf du achten musst. Alternativen zu Gas können z. B. ein Spirituskocher oder strombetriebene Kochfelder sein. Aufgrund des hohen Gasverbrauchs bei Heizungen finden wir, dass Dieselstandheizungen eindeutig die bessere Wahl sind, aber auch das ist natürlich Geschmackssache.

Fahrzeugkarosserien sind prinzipiell schlecht isoliert. Um Kondenswasser an den später verkleideten Flächen zu vermeiden, muss nachisoliert werden. Weit verbreitet sind dafür Armaflex® oder X-trem Isolator®, beides flexible und geschlossenzellige Dämmmaterialien, die speziell zur Tauwasserverhinderung entwickelt wurden. Materialien, die Feuchtigkeit in sich aufnehmen können – wie z. B. Glaswolle oder Filz – sind hingegen nicht geeignet. Falls Rost oder Stellen mit abgeplatztem Lack vorhanden sind, sollten diese vor Anbringung der Isolierung behandelt werden. Die Isolation wird direkt auf die Karosserie verklebt, und nach der Isolierung sollte die Karosserie an keiner Stelle mehr sichtbar sein, da überall dort Kältebrücken entstehen können und sich somit Kondenswasser bilden kann. Ob der Boden auch isoliert werden soll, ist den individuellen Bedürfnissen anzupassen. Spricht nichts gegen 3 bis 5 Zentimeter weniger Innenhöhe, macht es durchaus Sinn, auch dort großzügig Isolation anzubringen.

Danach können die Verkleidung angebracht und die Möbel gebaut werden. Unser Campervan ist komplett mit Laminat verkleidet, das lässt ihn schön wohnlich wirken, hält durch das Stecksystem besonders gut zusammen und ist leicht abwischbar, was besonders in Küchennähe ein Vorteil ist. Außer dem Gewicht, das man im Auge behalten sollte, sollte beim Material nur darauf geachtet werden, dass es bei einem Unfall keine spitzen Splitter verursacht.

Der Platz ist in den meisten Campervans sehr beschränkt, daher helfen clevere Aufbewahrungstechniken, mehr nutzbaren Stauraum zu generieren. Befestige Alufolie oder sonstige Rollen doch bequem an einer Schranktüre und schraub die Abrissvorrichtung gleich dazu. Oder nutzte Gummibänder zur Befestigung von Gegenständen, wie z. B. Tellern in der senkrechten Position. Auch die professionellen Hersteller setzen vermehrt auf kreative Lösungen. Wie wäre es z. B. mit magnetischen Gläsern, die auch kopfüber an der Decke Platz finden? Wir persönlich schwören ja auf frische Kräuter im Campervan. Die machen sich nicht nur super in den verschiedenen Gerichten, sie beeinflussen den Duft im Van positiv und sorgen alleine durch ihre Anwesenheit für ein wohnliches Ambiente.

Abschließend sei noch angemerkt, dass man sich nicht in den Details des Ausbaus verlieren sollte, sondern stets im Auge behält, warum man sich einen Campervan baut: Um damit zu verreisen! In diesem Sinne: Schraubst du noch oder reist du schon?

Heckbereich oben ohne Bett und unten mit aufgebautem Tisch und halbem Bett

Roberts
Treasures

Start- und Endpunkt
Von San Marino an die Amalfiküste

Streckenlänge
626 km

Fahrzeit
ca. 9 Std. 15 Min.

Highlights
Rom und die nahe Küste
Vulkan Solfatara
Wandern an der Steilküste Amalfis

Italien inklusive San Marino und Vatikanstaat

DREI LÄNDER IN EINEM, DAZU
EINE SCHÖNE TOUR VON ROM BIS AMALFI

Auf dem Weg nach Rom machen wir auf dieser Reise einen speziellen Abstecher. Von einer Grenze bekommen wir in unserem Campervan nicht viel mit, fast nahtlos geht es weiter den Monte Titano hinauf, auf dessen Spitze San Marino thront. Der Campingplatz Centro Vacanze San Marino hat zum Glück ganzjährig geöffnet, so parken wir auch Anfang Januar hier unseren Van und lassen uns den Rest der Strecke bequem im öffentlichen Bus hinauf chauffieren.

Camping Centro Vacanze San Marino
Strada San Michele, 50, San Marino
Tel. +39 0549 90 39 64,
info@centrovacanzesanmarino.com
43°57'34.3"N 12°27'40.7"E

Strand von Sabaudia zum Sonnenuntergang

Das kleine Land San Marino bietet zwar etwas mehr als seine gleichnamige Hauptstadt, doch uns zieht es vorwiegend in das historische Zentrum des Ortes, welches ganz oben am Monte Titano liegt. Während wir durch die Gassen zwischen den alten steinernen Gebäuden schlendern, fällt uns auf, dass es unglaublich viele Waffengeschäfte gibt. Eine kurze Recherche bringt zutage, dass es in San Marino in der Vergangenheit ein sehr wehrhaftes Volk gab und seine Bewohner deshalb noch heute stolz auf ihre Waffen sind. Daher kommt es wohl auch, dass die kleine Hauptstadt gleich drei Festungen vorzuzeigen hat. Den Felskamm des zum UNESCO-Welterbe gehörenden Monte Titano krönen die drei Festungen Guaita, Cesta sowie Montale – und diese gilt es zu erkunden. Es ist ein steiler, aber wunderschöner Weg durch einen Naturpark bis ganz nach oben, wo uns eine Aussicht erwartet, die nach Westen bis zum Apennin und im Osten bis zur Adria reicht. Die Festungen verbindet ein gut begehbarer Weg, auf dem es auch immer wieder Rastplätze mit Sitzgelegenheiten gibt. Die Aussicht, da sind wir uns sicher, wäre von diesen Orten aus wahrlich gigantisch, uns macht allerdings der hartnäckige Nebel einen gehörigen Strich durch die Rechnung. Trotz der eingeschränkten Sicht ist der Ausblick von der Bergstation der Seilbahn hinunter in das moderne San Marino toll.

San Marino war aber nur ein Abstecher am Wegesrand. Die eigentliche Italientour geht von Rom bis an die Amalfiküste. Ein bisschen Respekt haben wir ja schon, als wir uns mit unserem Campervan Rom nähern: Der Verkehr ist bestimmt die Hölle! Aber wir sind positiv überrascht, als wir kaum von der Autobahn runterkommen und schon an der Rezeption des Camping Village Rom stehen. Im Januar ist noch nicht viel los. Wir suchen uns einen freien Stellplatz, bevor wir mit dem Bus ins Stadtzentrum fahren.

Camping Village Rom
Via Aurelia, 831, Roma
Tel. +39 06 662 30 18,
roma@humancompany.com
41°53'14.1"N 12°24'17.0"E

Die Free-Walking-Tour ist uns zu geschichtslastig, lieber stehen wir mit den Römern in einem Café an der Theke und schlürfen einen starken Espresso direkt im Stehen. Auf diese Art und Weise kosten die Getränke übrigens auch gerne nur die Hälfte des Preises, den man sitzend zu bezahlen hätte.

Nebst den üblichen Sehenswürdigkeiten wie dem Kolosseum, dem Forum Romanum oder dem Circus Maximus überqueren wir auch den Tiber über die Ponte Sisto und gelangen so ins Viertel Trastevere. Hier befinden sich zahlreiche neumoderne Restaurants mit lokaler und internationaler Küche. Unsere Wahl fällt auf das Meccanismo Bistrot, wo wir uns zum Aperitif eine kalte Platte bestellen und nicht schlecht staunen, als darauf quasi die ganze italienische Küche im Miniformat serviert wird. Lasagne, Pizza, Bruschetta, Speck-Oliven-Brot oder Parmesankroketten – alles im Kleinformat.

Meccanismo Bistrot
Piazza Trilussa, 34, Roma
Tel. +39 06 581 61 11
Montag–Sonntag 7:30–2 Uhr

Und natürlich besuchen wir auch den Vatikan. Wir wollen ja alle Länder Europas sehen, da gehört dieser Zwergstaat inmitten der Metropole Rom ebenfalls dazu. Auf dem Petersplatz zu stehen, fühlt sich irgendwie wie ein Déjà-vu an, wahrscheinlich hat jeder diesen Ort schon unzählige Male im Fernsehen gesehen. Die Vatikanstadt ist das kleinste anerkannte Land der Welt, und der halbe Quadratkilometer Fläche ist sehr schnell

Oben: Festung Guaita – eine von drei Festungsanlagen in San Marino
Unten: Wer kennt es nicht – das Kolosseum in Rom.

erkundet, bedenkt man dabei, dass ein Großteil der Öffentlichkeit gar nicht zugänglich ist.

Bald haben wir die ewige Stadt gesehen, uns zieht es hinaus ans Meer. Der SS148 folgen wir Richtung Süden und biegen ab in die kleine Ortschaft Sabaudia. Auf dem Agritorismo Fratelli Mizzon sind wir die ersten Gäste des Jahres. In einem wilden Sprachengemisch von Englisch, wenig Italienisch und Spanisch erfahren wir von Pietro, dem Chef des Familienbetriebes, dass es den Platz erst seit einem Jahr gibt und dass sie ihn erst in dieser Saison so richtig ausbauen wollen.

Agriturismo Fratelli Mizzon
Via S. Andrea, 20A, Sabaudia
Tel. +39 0773 59 30 45,
info@agriturismomizzon.com
41°19‘03.2“N 13°01‘09.8“E

Im angrenzenden Restaurant essen wir dann abends lecker Pizza, und am nächsten Tag machen wir einen Ausflug an den Strand und in den Nationalpark Circeo. Die Düne der Küste im Nationalpark mit der charakteristischen Halbmondform erstreckt sich von Sabaudia bis nach Capo Portiere, 25 Kilometer weiter nördlich. So weit man sehen kann, nur Sand. Hebt man aber seinen Blick, sieht man noch ein ganz anderes Naturwunder, den Monte Circeo. Majestätisch baut sich das 541 Meter hohe Gestein am Ende des Strandes auf. Am Nachmittag parken wir unseren Campervan am Fuße ebendieses Felsens und verlieren schon bald den schlecht beschilderten Wanderweg auf dessen Spitze hinauf. Macht nichts, denken wir, und bahnen uns unseren eigenen Weg mitunter richtig steil den Wald hinauf. Noch ein paar Felsumrundungen und dann haben wir es geschafft, wir stehen ganz oben und haben einen fantastischen Blick auf den Strand und auf das Örtchen auf der anderen Felsseite. Leider war es etwas diesig

und später auch bewölkt, denn bestimmt hätten wir bei guter Fernsicht noch viel weiter blicken können.

Nach zwei Tagen in Sabaudia – zugegeben, hier könnte man noch viel länger verweilen – zieht es uns weiter gen Süden. Es geht nach Neapel, wobei wir im Vorort Pozzuoli unseren Camper parken. Wir checken auf dem Campeggio Vulcano Solfatara ein und staunen nicht schlecht, als wir bemerken, dass wir nicht ganz nah am Vulkankrater stehen, sondern quasi mittendrin! Okay, es stinkt gewaltig, und selbst das Duschwasser riecht nach Schwefel. Aber in einem aktiven Vulkankrater zu übernachten, ist uns die Geruchsbelästigung allemal wert. Im Übernachtungspreis ist auch gleich der Eintritt für das ganze Areal inklusive und wir können, so oft wir wollen, zu den zischenden und brodelnden Stätten gehen. Leider ist der Campingplatz wegen Wartungsarbeiten mittlerweile geschlossen, der Krater des Vulkans Solfatara kann aber noch immer besichtigt werden. Leicht nach Schwefel riechend setzen wir uns am Tag darauf in den Bus und fahren später mit der Bahn ins Zentrum von Neapel. Eine Stadt mit Licht und Schatten, es ist viel los und entsprechend gibt es viel zu sehen. Wir schlendern durch die Gassen, lassen uns etwas treiben und genießen die gelegentlichen Sonnenstrahlen. Die Pizza soll ja hier in Neapel erfunden

worden sein. Für uns gibt es hier dann auch zum ersten Mal überhaupt die frittierte Variante davon. Geschmeckt hat sie, aber irgendwie bevorzugen wir dann doch die im Steinofen gebackene Ausführung.

Das letzte Ziel unserer Italientour ist die Küste von Amalfi. Die Navigation ist da nicht ganz einfach, denn Orte, die Luftlinie nur ein paar Hundert Meter auseinanderliegen, sind mit dem Campervan gerne mal mehrere Kilometer und Hunderte Höhenmeter voneinander entfernt. Da wir die engen Gassen mit unserem Kastenwagen nicht so gerne fahren und es zudem ein klitzekleines Parkproblem in Amalfi gibt, entscheiden wir uns für den Campeggio Ostello Beata Solitudo di Paolo Genova in Agerola oberhalb der Steilküste. Ganz so kompliziert wie der Name des Platzes ist die Anfahrt zum Campingplatz dann zum Glück nicht, und kaum stehen wir im Torbogen, kommt auch schon Paolo auf seinem Fahrrad daher. Er platziert uns im etwas chaotischen Hinterhof des Anwesens und fängt sogleich zu schwärmen an von seiner wunderschönen Amalfiküste. Er gibt uns auch den Tipp, bei einer lokalen Käserei vorbeizugehen und dort den Fiori di Latte zu probieren. Das haben wir natürlich nach der Siesta gleich gemacht, und der sehr leichte Mozzarella-ähnliche Käse hat uns so gut geschmeckt, dass wir gleich welchen mitgenommen haben.

Caseificio La Montanina
Piazza Generale Avitabile, 3, Pianillo
Der leckere Käse der Käserei heißt Fiori di Latte und kann vor Ort probiert werden.

Ebenfalls hat uns Paolo den Weg über die Treppe hinunter nach Amalfi empfohlen. Am nächsten Morgen brechen wir gut ausgerüstet vom Dorfzentrum auf, immer der Via A. Coppola Richtung Küste folgend, biegen auf die Via Miramare ab und finden den Anfang der Treppe auf der linken Seite nach der Pizzeria Leonardo. Die Aussichten unterwegs sind gigantisch, das Meer erstrahlt türkisfarben unter uns, und von der Sonne wohlig gewärmt, steigen wir Tritt für Tritt weiter durch die frühlingshafte Umgebung hinab. Der Weg ist auf der gesamten Strecke immer wieder mit einer weiß-roten Markierung gekennzeichnet. Diesem alten Maultierpfad folgen wir gute 2000 Treppenstufen lang, bis wir endlich in Amalfi ankommen. 632 Höhenmeter haben wir in gut 1,5 Stunden bewältigt und sind sehr froh, dass uns nach der Stadterkundung ein Bus wieder nach Agerola zurückbringt. Erst aber gibt es lecker Pizza, und weil der Tag so schön ist, gleich noch ein Gelati am Hafen. Schließlich ist hier das Ende unserer Tour durch Italien. Für uns geht es nun zügig nach Ancona weiter und von dort mit der Fähre nach Kroatien.

Vorhergehende Doppelseite: Lui am Strand von Sabaudia im Nationalpark Circeo
Oben: Die Gebäude von Neapel sind alle schwarz, wahrscheinlich von den Abgasen …
Unten: Das schöne Amalfi – unser Wanderziel nach rund 2000 Treppenstufen

CARAVAGGIO
CAPOLAVORI
DEL MUSEO
DI CAPODIMONTE

Start- und Endpunkt
Von Split nach Dubrovnik

Streckenlänge
457 km

Fahrzeit
ca. 7 Std. 20 Min.

Highlights
Split
Krka-Nationalpark
Küstenstraße Jadranska Magistrale

TOUR 2

KROATIEN

Kroatien

VON SPLIT VIA KRKA-NATIONALPARK DER JADRANSKA MAGISTRALE ENTLANG BIS DUBROVNIK

Gut erholt und ausgeschlafen verlassen wir die Fähre mit dem Namen »Dubrovnik« der Reederei Jadrolinija in Split, die uns über Nacht von Ancona nach Kroatien gebracht hat. Als Erstes gehen wir auf den Markt und frühstücken dort, es ist noch viel zu früh, um irgendwo einzuchecken. Das holen wir gegen Mittag nach und parken unseren Campervan auf dem Camping Stobreč Split direkt am Meer. Zu dieser Jahreszeit kosten diese Parzellen noch nicht extra, und sie sind auch noch ohne Reservierung verfügbar.

Camping Stobreč Split
Sv. Lovre 6, Split
Tel. +385 21 32 54 26, camping.split@gmail.com
43°30'14.2"N 16°31'35.5"E

Erst am nächsten Tag zieht es uns nochmals ins Zentrum von Split, dieses Mal aber mit dem öffentlichen Bus. Wir schlendern durch die engen Gassen, erkunden den Diokletianpalast und landen am Ende der Hafenpromenade mitten im bunten Treiben des täglich ab 6:30 Uhr geöffneten Frischmarkts am Stari Pazar. Gemüse, Obst und natürlich auch selbst gemachte Spezialitäten werden feilgeboten. Das kleine Café Bile am Rande des Marktplatzes auf dem Stari Pazar weckt unsere Aufmerksamkeit. Es ist sehr gut von Einheimischen besucht, die lecker aussehende Gerichte essen. So was wollen wir auch und bestellen mit Händen und Füßen, da hier niemand Englisch spricht. Während die Cevapcici brutzeln – sie werden uns später im Burgerbrötchen serviert – werden aus rohen Kartoffeln vor unseren Augen Pommes frites gezaubert! Das Essen ist super lecker und sehr günstig.

Café Bile
Stari Pazar, Split
Kroatisches Fast Food, frisch zubereitet – ein Original

Wer die kroatische Küche etwas gehobener als beim Imbiss mag, der wird im Konoba

Blick hinunter auf die Altstadt von Dubrovnik

Fetivi glücklich. Da essen wir an unserem zweiten Abend in Split. Die Karte ist klein, es gibt vorwiegend fangfrischen Fisch, aber auch die Klassiker der Fleischküche Kroatiens finden sich darauf.

Konoba Fetivi
Tomica Stine 4, Split
Dienstag–Sonntag 12–23 Uhr
Kroatische Spezialitäten, vorwiegend Fisch

Rund 30 Minuten von Split entfernt liegt Trogir. Die gesamte Altstadt ist UNESCO-Weltkulturerbe und nur über eine Steinbrücke zu erreichen, eine kleine vorgelagerte Insel also. Wir parken unseren Van noch auf dem Festland und gehen zu Fuß ins Zentrum: ein weiterer beeindruckender Ort mit verwinkelten Gassen und richtig schönen Gebäuden. Ab Split fahren übrigens auch ein Bus sowie eine Schiffslinie nach Trogir, falls man nicht selber hinfahren möchte.

Als wir am Nachmittag weiterfahren, fällt uns sofort die nächste kleine Insel mitten im türkisfarbenen Meer etwas abseits der Straße auf: Primošten. Klar wollen wir dahin, also wenden wir und parken direkt an der Strandpromenade. Nach Primošten hinein geht es für Besucher nur zu Fuß. Zuerst erkunden wir den Hafen mit den kleinen Fischerbooten, die zu schweben scheinen, so klar ist das Wasser. Dann geht es auf ins Gassenlabyrinth, bis wir schlussendlich auf der Spitze des Hügels bei einer kleinen Kirche stehen. Wir genießen die Aussicht und schlendern danach langsam zurück. Unterwegs gönnen wir uns einen mit Spinat gefüllten Burek, eine leckere kroatische Teigspezialität. Erst jetzt nehmen wir die zu beiden Seiten der Zugangsbrücke von Primošten gelegenen schönen Strände wahr. Wenn die Temperaturen hier auch noch zum Baden einladen, ist es ein wahres Paradies!

Angekommen im Krka-Nationalpark, ist es schon später Nachmittag, und wir parken auf einem kleinen Stellplatz in Lozovac, der einzige in der Region, der uns auch zu dieser Jahreszeit aufnimmt. Den Rundwanderweg Skradinski Buk kennen vermutlich alle Besucher des Krka-Nationalparks. Weit oberhalb wird geparkt, die Wanderfreudigen gehen den schmalen Weg bis zum Beginn des eigentlichen Wanderweges zu Fuß, wer in der Hauptsaison hier ist, kann auch den parkeigenen Bus nehmen. Der knapp 2 Kilometer lange Rundweg führt über schön angelegte Stege. Es geht durch den Wald, auf Stegen über Wasserschnellen bis vor den großen Wasserfall. Die Natur ist toll, und mitten im Winter, als wir da sind, ist dieser Weg natürlich auch angenehm wenig besucht.

Weitaus unbekannter ist die Aussichtsplattform beim Roski Slap im nördlichen Teil des Krka-Nationalparks. Nicht nur der Roski Slap

Oben: Auf den Weg in den Nationalpark Krka.
Unten: Einer der vielen Wasserfälle im Krka-Nationalpark auf der Skradinski Buk-Runde

Krka

M.Madunić
AKCIJA
DOMAĆA
GOVEDINA

(wobei Slap für Wasserfall steht), der hier in den Visovac-See fließt, ist einen Besuch wert, sondern vor allem der Blick von der Aussichtsplattform gleich daneben. Hinter dem Nationalparkhäuschen führt ein Weg steil den Felsen hinauf. Gutes Schuhwerk ist für die kurze Strecke zu empfehlen. Handgriffe sind teilweise vorhanden, wenn es allzu steil den Felsen hinaufgeht. Oben angelangt, wird der Blick über den zwischen Felswänden eingebetteten See und bis weit darüber hinaus frei.

Wanderungen im Krka-Nationalpark:

Rundwanderweg Skrandinski Buk
2 km langer Weg auf Stegen über die Wasserfälle und durch den Wald, zur Hochsaison stark frequentiert, mit Badestelle

Roski Slap
Kurze, aber sehr steile Wanderung zu einer Aussichtsplattform mit Blick über den Krka-Nationalpark

Vom Krka-Nationalpark fahren wir zurück nach Süden und folgen ab jetzt nur noch der Jadranska-Magistrale, einer der schönsten Küstenstraßen Europas. Eigentlich beginnt diese Strecke bereits in Triest, Italien, und endet erst in Ulcini, Montenegro. Wir fahren allerdings nur die Teilstrecke von Sibenik bis Dubrovnik, gekennzeichnet als D8. Die Straße führt fast immer direkt am Meer entlang, und so bekommen wir fantastische Ausblicke auf die kroatische Küste mit ihrem türkisfarbenen Meer und den weißen Kieselstränden. Auf der Höhe von Zaton Doli biegen wir auf die D414 ab und gelangen so nach Ston und Mali Ston. Diese zwei Orte liegen auf der Pelješac-Halbinsel und sie verbindet die längste Stadt- und Wehrmauer Europas! Unglaubliche 5,5 Kilometer Länge hat diese Mauer und belegt damit weltweit Platz 2 direkt hinter der Chinesischen Mauer. Natürlich wollen wir uns dieses Highlight mit eigenen Augen anschauen, also parken wir in Ston und begeben uns direkt auf die Mauer. Ein tolles Erlebnis.

Der Camping Solitudo Sunny hat noch geschlossen, also stellen wir uns für die Nacht davor. Per Bus geht es am nächsten Tag in den historischen Stadtkern von Dubrovnik. Dieser Teil ist von einer riesigen Stadtmauer umgeben, auf der man gegen eine stattliche Gebühr um Dubrovnik herumgehen kann. Allgemein fällt uns im Inneren der Mauer auf, dass die Preise deutlich über den sonst in Kroatien üblichen Tarifen liegen. Dubrovnik verkommt der vielen Kreuzfahrtschiffe und sonstigen Touristen wegen langsam zu einer Hochpreisinsel. Trotzdem ist die Altstadt beeindruckend schön, und auch die Kinofans kommen bei den vielen Ecken aus bekannten Streifen kaum mehr aus dem Staunen heraus. Für uns bleibt aber dennoch ein leicht bitterer Geschmack von Dubrovnik zurück, denn hier sieht man die negativen Auswirkungen von Übertourismus allzu deutlich.

Oben: Marktstand auf dem Stari Pazar-Frischmarkt in Split
Unten: Blick nach Primošten, ein hübscher, kleiner Inselort

Start- und Endpunkt
Von Međugorje nach Sarajevo

Streckenlänge
218 km

Fahrzeit
ca. 4 Std. 10 Min.

Highlights
Mostar und die Wildpferde in den Bergen
Sarajevo

TOUR 3

BOSNIEN-HERZEGOWINA

Bosnien-Herzegowina

ÜBER DIE BERÜHMTE BRÜCKE MOSTARS IN DIE STADT DER ZWEI WELTEN, SARAJEVO

Nur gerade 20 Kilometer lang ist die Küste Bosnien-Herzegowinas, die Kroatien in zwei Teile teilt. Dort überqueren wir die Grenze ins Land, und nach einem kurzen Blick auf unsere grüne Versicherungskarte lassen uns die Zöllner passieren. Noch schnell ein paar Euro in Konvertible Mark am Wegesrand wechseln, den Kurs haben wir zuvor im Internet recherchiert, und schon kann die Reise beginnen.

In Blagaj finden wir auf dem Camping Mali Wimbledon ein Plätzchen. Der Campingplatz liegt um das Haus der Eigentümerfamilie herum, und schnell werden für uns eine Dusche sowie eine Toilette geputzt. Am Nachmittag spazieren wir noch zur Buna-Quelle, die als eine der schönsten Karstquellen Europas angepriesen wird, und essen im Restaurant direkt an der Buna noch eine Kleinigkeit, während wir das muslimische Kloster Tekija auf der anderen Flussuferseite bestaunen.

Stausee Bilecko Jezero am Wegesrand in der Republik Srpska

Camping Mali Wimbledon
Blagaj bb, Mostar
Tel. +387 36 57 25 82, ibrozalihic@hotmail.com
Ganzjährig geöffnet
43°15‘47.4“N 17°52‘40.5“E

Von Ibro, dem Campingplatzbesitzer, ermutigt, fahren wir am nächsten Tag mit dem öffentlichen Bus von Blagaj nach Mostar hinein. Die rund 25-minütige Busfahrt ist, wie zu erwarten, nicht ganz so komfortabel, dafür sehr spannend. Im Zentrum von Mostar angekommen, schlendern wir durch die Gassen, vorbei an den Souvenirshops, bis wir zur berühmten Brücke Stari Most, der Namensgeberin von Mostar, gelangen. Im Krieg wurde sie komplett zerstört, doch seit 2004 ist sie zum Teil aus ihren eigenen Trümmern originalgetreu wiederaufgebaut und gilt noch heute als Wahrzeichen der Stadt. Im Sommer springen junge Männer für ein paar Münzen wagemutig von der Brücke in die darunter fließende Neretva, bei unserem Besuch ist davon noch nichts zu sehen. Dafür hören wir unbekannte Klänge, als wir die Brücke überqueren, der Muezzin ruft zum Gebet, und schnell entdecken wir

Sar

auch die Moschee, die wir gleich darauf selber erkunden. Im Restaurant Šadrvan nehmen wir später ein typisches Mittagessen ein, nicht ohne von Katzen, die dort überall herumstreunen, beobachtet zu werden.

Restoran Šadrvan
Jusovina 11, Mostar
Tel. +387 36 57 80 95
Täglich 9–23 Uhr

Über Freunde in der Schweiz sind wir mit Mirjana bekannt gemacht worden. Sie lebt in Mostar und weiß, wo sich die Wildpferde in den Bergen um Mostar aufhalten. Kurzerhand packt sie uns samt ihrem Sohn und ihrem Vater – dem Einzigen, der mit etwas Französisch wenigstens eine uns geläufige Sprache spricht – in ihr Auto ein. In der Nähe von Goranci, weit ab von allem, steigen wir aus und beginnen unsere Suche. Als wir schon fast aufgeben, entdecken wir etwas. Es sind aber eigentlich nicht wir, die die Pferde entdecken, sondern die Tiere, die uns bemerkt haben. Gerade über den Winter kommen viele Einwohner hierher und bringen den Pferden etwas zum Fressen mit – daran hat Mirjana natürlich auch gedacht und holt Brot aus der raschelnden Tüte. Und so traben die Pferde samt Fohlen zu uns hinauf – und einige lassen sich sogar streicheln. Wildpferde … naja, sagen wir wild lebende Pferde – Steffi ist auf jeden Fall im siebten Himmel!

Oben: Die berühmte Brücke Stari Most, die Namensgeberin von Mostar, ist heute wieder in einem Stück aufgebaut worden.
Unten: Tauben werden wohl überall auf der Welt gefüttert – wie hier in Sarajevo.

Wildpferdestelle
Hier gibt es ein Wasserloch, wo die Pferde oft gesehen werden:
43°25'36.2"N 17°40'20.1"E
Aufgepasst: In Bosnien gibt es noch zahlreiche Minen, deshalb unbedingt auf den Wegen bleiben!

Das eigentliche Highlight unserer Bosnien-Herzegowina-Reise folgt aber jetzt. Wir fahren nach Sarajevo. Im Stadtbezirk Ilidža gibt es zwar Campingplätze, die aber alle noch geschlossen haben. Also mieten wir uns eine Wohnung und bleiben gleich eine ganze Woche. Während einer Free-Walking-Tour erfahren wir von Enes viel über die Zeit während des Krieges, aber auch, wie die Bewohner heute leben und dass gerade die Jüngeren – wie er selbst – ihr Sarajevo wieder zum Leben erwachen lassen wollen.

Camping Sarajevo
Mratnjevaće 57, Sarajevo-Ilidza
Tel. +387 33 76 35 65,
info@camping-sarajevo.com
Geöffnet 1. März bis 1. November
43°50'20.0"N 18°15'52.7"E

Natürlich sieht man die Vergangenheit noch. Schusslöcher in den Fassaden oder rot bemalte Rosen, überall dort, wo mehr als drei Menschen bei Granateneinschlägen getötet wurden, zeugen bis heute von der Kriegszeit. Aber Sarajevo bietet weit mehr! In der Ferhadija-Straße am Sarajevo-Meeting-of-Culture-Punkt trifft die Architektur der österreichisch-ungarischen Herrschaft mit Wien-ähnlichen Bauten auf Gebäude der osmanischen Periode. Dieser Gegensatz geht so weit, dass im osmanischen Teil kein Alkohol ausgeschenkt wird, während dieser im übrigen Sarajevo problemlos erhältlich ist.

Wir schlendern durch die schmalen Gassen bis zum Baščaršija-Platz, essen Burek – mit Hackfleisch oder Kartoffeln gefüllte Teigschnecken – im Buregdžinica-Bosna-Lokal mit dem typischen Trinkjoghurt dazu und schlendern durch die Kupfergasse, wo wir die Handwerkskunst bestaunen. Später erklimmen wir zu Fuß die gelbe Bastion – auf Bosnisch: Žuta tabija – und schauen auf die 291 000 Einwohner der Stadt hinab. Dabei fallen uns die vielen Minarette auf.

Buregdžinica Bosna
Bravadžiluk 11, Sarajevo
Täglich 8–23 Uhr

Auch das Caffe Tito etwas außerhalb des Zentrums lassen wir uns nicht entgehen, es ist quasi ein Museum, denn im Garten wie auch im Inneren sind zahlreiche Kriegsrelikte ausgestellt – und wie der Name schon sagt, trauern sie hier der Herrschaft Titos, dem ehemaligen Präsidenten Jugoslawiens, nach.

Caffe Tito
Zmaja od Bosne 5, Sarajevo
Täglich 8–0 Uhr

Bevor wir die Stadt endgültig verlassen, fahren wir aber noch zum Tunel of Hope. Gegen ein kleines Entgelt können wir hier alles über den berühmten Versorgungstunnel während der Belagerung Sarajevos von 1992 bis 1995 erfahren, der die umzingelte Bevölkerung im Herzen der Stadt mit Lebensmitteln und Medikamenten belieferte.

Was wir bei unserem Besuch noch nicht mit Sicherheit wussten, ist nun nach über 45 besuchten europäischen Ländern und unzähligen Städtetrips klar: Sarajevo ist für uns eine der Top 3 spannendsten und sehenswertesten Städte Europas! Also wenn du die Chance hast, dann fahr unbedingt hin und erlebe dieses Juwel an Geschichte und Verschmelzung der Kulturen höchstpersönlich.

Oben links: Wildpferde in den Bergen bei Mostar
Oben rechts: Bosnischer Kaffee – ähnlich dem Türkischen
Unten: Osmanischer Teil von Sarajevo

Start- und Endpunkt
Von Herceg Novi in den Durmitor-Nationalpark

Streckenlänge
310 km

Fahrzeit
ca. 5 Std. 50 Min.

Highlights
Küstenorte
Virpazar
Tara-Schlucht
Durmitor-Nationalpark

Montenegro

DER KÜSTE ENTLANG MIT ARBEITSEINSATZ AM SKUTARISEE ZUM DURMITOR-NATIONALPARK

Montenegro ist eines der wenigen Länder, das zwar kein EU-Mitglied ist, aber in dem man mit Euro bezahlt. So erstaunt es auch nicht, dass die kurz nach der Grenze eingeforderte Gebühr in Euro angegeben ist. Wofür genau die 5 Euro sein sollen, wissen wir nicht, doch zu zahlen haben wir sie.

Erster Halt ist Herceg Novi, eine kleine Stadt an der Nordküste Montenegros. Weil heute Sonntag ist, können wir kostenlos parken. Zur Hauptreisezeit empfiehlt es sich aber bestimmt, schon weit außerhalb nach einem freien Parkplatz Ausschau zu halten.

Der Ort selber ist sehr überschaubar und perfekt zu Fuß zu erkunden. Von der alten Festung steigen wir die Stufen bis zur Kirche des Erzengel Michael empor. Von hier oben ist die Aussicht über die Bucht sehr schön. Wir schlendern durch die engen Gassen, passieren ein Tor und stehen ein paar Stufen später auf dem Hauptplatz. Der Blick zurück zeigt uns erst, wo wir da gerade hindurch sind. Ein schöner Uhrturm, umgeben von hübschen Altstadthäusern – Herceg Novi ist wahrhaftig eine Augenweide. Ein paar verwinkelte Gassen später stehen wir am kleinen Hafen unten, setzen uns in ein Café und genießen den Tag in vollen Zügen.

Oben: Durch die Tara-Schlucht fahren wir in den Durmitor-Nationalpark.
Unten: Einen Wachhund gibt's auf dem Camping Maslina gleich dazu.

Um nach Kotor zu gelangen, könnten wir auch die Fähre nehmen, wir entscheiden uns aber für den Landweg. Die Straße ist teilweise mit großen, tiefen Löchern übersät, doch die Ausblicke auf die zwei Inseln Gospa od Škrpjela und Sveti Đorđe sowie auf den Wasserfall Orijenski Vodopad bei Risan entschädigen uns für die Strapazen.

In Kotor angelangt, sehen wir die Touristeninformation im kleinen Häuschen beim Eingangstor zur Altstadt und holen uns dort einen Stadtplan ab. Die Dame sagt uns auch, dass in zwei Stunden ein Karnevalsumzug startet. Bis dahin wollen wir uns Kotor ansehen. Schnell passieren wir das Eingangstor und befinden uns nun zwischen steinernen Häusern, dazwischen nur enge

Gassen und überall befinden sich kleine Geschäfte. Die Altstadt ist so klein, da braucht es keine genaue Route hindurch, einfach losspazieren. Uns beeindruckt die stattliche Sankt-Tryphon-Kathedrale, hinter der auch gleich die Felswand in die Höhe schießt, auf deren Spitze die kleine Festung San Giovanni thront. Ein rund 4,5 Kilometer langer Weg der Stadtmauer entlang führt die Besucher zur Festung hinauf. Der Ausblick soll fantastisch sein – wenn das Wetter mitmacht, was bei uns leider nicht der Fall ist.

Der Karnevalsumzug entpuppt sich als Kinderumzug und außer Dutzenden Cheerleadern und Matrosen gibt es nicht viel zu sehen, nicht einmal Konfetti. Ja, das war Karneval mal anders.

Kotor selbst ist ein wirklich hübscher verschlafener, kleiner Ort mit einer absolut sehenswerten Altstadt. Bloß wollen wir uns diese kleine Perle gar nicht vorstellen, wenn die riesigen Kreuzfahrtschiffe in der Bucht vor Anker liegen und schnell mal ein paar Tausend Passagiere die Gassen fluten. Besonders dann gilt, wie so oft: Je früher man da ist, desto besser.

Leider haben in Kotor noch alle Campingplätze geschlossen, und auch ein Hotel mit Parkplatz für unseren Campingbus lässt sich nicht finden (wir sind mit knapp 3 Metern halt doch sehr hoch). Also fahren wir dann gezwungenermaßen weiter und übernachten in Budva.

Erst am nächsten Tag besuchen wir Budva. Einerseits sind da die modernen Hochhäuser und großen Hotels, andererseits die kleine Altstadt mit ihren typischen Steinhäusern. Dort zieht es uns dann auch gleich hin, und wir schlendern erneut durch enge Gassen bis zur Zitadelle. Budva liegt im Gegensatz zu Kotor direkt am Meer, und das gibt der Stadt noch mal ein ganz anderes Flair. Wir besichtigen das ehemalige Kastell, wobei sich nicht nur die Ausstellungen lohnen, auch die Ausblicke von der Terrasse über das Meer, die Stadt sowie die dahinterliegenden Hügel sind toll. Auch wenn die Gegensätze zwischen altem und neuem Budva groß sind, finden wir, dass sich dieser Ausflug wirklich gelohnt hat.

Vom nächsten Ziel sind wir hingegen etwas enttäuscht. Wir fahren der Küste weiter südlich entlang und treffen auf Sveti Stefan. Viel haben wir über die kleine vorgelagerte Insel schon gehört und zugegeben, sie sieht von der Straße aus gesehen auch wirklich hübsch aus. Doch dass der Zutritt nur den Bewohnern gestattet ist, davon hat uns niemand etwas erzählt und entsprechend enttäuscht waren wir dann auch, als wir unten vom Pförtner abgewiesen wurden.

Oben: Sveti Stefan – leider kein Zutritt für Besucher
Unten: Der Crno Jezero – auch als Schwarzer See bekannt – im Durmitor-Nationalpark

Restaurant Galija
Buljarica BB, Kaluđerac, Petrovac
Tel. +382 33 46 17 17
Täglich 8–23 Uhr
Meeresfrüchte und traditionelle Küche

In Petrovac na Moru finden wir mit dem Camping Maslina endlich einen geöffneten Campingplatz. Hier stehen wir ein paar Tage, genießen die Nähe zum Meer und die Kochkünste des Restaurants Galija, welches direkt vorn am Strand liegt.

Camping Maslina
Buljarica bb, Petrovac
Tel. +382 68 60 20 40, camping.mne@gmail.com
Ganzjährig geöffnet
42°11'52.3"N 18°57'55.7"E

Wir wollen mehr über Land und Leute erfahren und entschließen uns deshalb für ein Work&Travel in Virpazar am Skutarisee. Eine britische Familie führt hier ein kleines Guesthouse, sie kann etwas Hilfe beim Vorbereiten von Haus und Garten für die anstehende Saison gebrauchen. Schon seit über zehn Jahren wohnen Emma und Ben bereits in Montenegro, und auch ihre drei Kinder gehen hier in die öffentliche Schule. Sie erzählten uns, dass es noch nicht einmal eine

Blick auf Virpazar am Skutarisee

Recyclingstation mit Mülltrennung im Land gäbe und viele Bauwerke – gerade in Naturschutzzonen wie dem Skutarisee – oft durch korrupte Beamte überhaupt entstehen können. Trotzdem ist Montenegro ein lebenswertes Land, und sie genießen ihr persönliches Paradies hier.

Natürlich erkunden wir auch die Region und machen Wanderungen zum Beispiel nach Godinje. Erst folgen wir der Straße von Virpazar nach Bar, hinter der Kirche biegen wir aber links auf einen Trampelpfad ein. Ab hier ist der Wanderweg markiert und führt erst durch den Wald und später bis auf den Gipfel des Hügels hinauf. Weiter geht es durch ein Tal bis Godinje, wo uns Misko – ein Freund unserer Gastgeber – mehr über das kleine Dorf erzählt, während wir seine Weine degustieren. Zurück geht es bereits bei Dämmerung der Straße am Ufer des Skutarisees entlang.

Winery Garnet – Misko Lekovic
Godinje, Virpazar
Tel. +382 67 35 55 35, www.winerygarnet.com
Auf Anfrage Weindegustationen mit lokalen Spezialitäten und Ortsführungen auf Englisch

Eigentlich sind wir nach unserem Aufenthalt bei Emma und Ben nach Albanien weitergereist, doch ein paar Monate später haben wir Montenegro im Hinterland nochmals einen Besuch abgestattet, und da sich diese Ziele gut mit der Küstenroute verbinden lassen, erzählen wir dir gleich auch noch davon.

Oben: Innenstadt von Kotor – ein sehr hübscher Ort
Unten: Kirche von Erzengel Michael in Herceg Novi – tolle Aussicht von dort

Über die E64 geht es ins Inland und bei Mojkovac biegen wir auf die P4 ab, welche dem Fluss Tara durch die enge Schlucht folgt. Erst bei der Brücke Most na Đurđevića Tari – hier kann per Zip-Line über den Fluss geflogen werden – biegen wir links auf die P5 ab und fahren in den Durmitor-Nationalpark. Wir checken auf dem Auto Camp Razvršje ein, am Ortsrand von Žabljak. Von hier starten wir am nächsten Tag auch die Wanderung zum Crno Jezero, dem Schwarzen See. Dieser Gletschersee gliedert sich in zwei Teile und liegt auf rund 1416 Metern über dem Meer. Wir umrunden die zwei Seen und genießen den Tag mitten in dieser wunderbaren Natur.

Auto Camp Razvršje
Razvršje 66, Zabljak
Tel. +382 67 44 44 77, mdurmitor@gmail.com
Ganzjährig geöffnet
43°08‘40.6“N 19°06‘46.6“E

Montenegro hat der Küste entlang sehr schöne Städte, ist dort aber auch sehr touristisch. Wer es ruhiger mag, findet zum Beispiel im Durmitor-Nationalpark unendliche Weiten und menschenleere Ebenen. Und das Gute: Das Land ist nicht sehr groß, man kommt also recht zügig von einem Ende zum anderen.

Start- und Endpunkt
Von Shkodër nach Gjirokaster

Streckenlänge
448 km

Fahrzeit
ca. 8 Std. 45 Min.

Highlights
Camping Pa Emer
Llogara-Pass
Butrint und Gjirokaster

Albanien

ENTGEGEN ALLER VORURTEILE
VOM NORDEN BIS GANZ IN DEN SÜDEN

Von Montenegro aus umrunden wir den Skutarisee und überqueren die Grenze nach Albanien mit Seesicht. Am Zoll selbst herrscht ein unüberschaubares Chaos. LKWs parken kreuz und quer, und nur knapp kommen wir zwischen ihnen hindurch. Der Grenzbeamte begrüßt uns mit einem Lächeln – vielleicht wird Albanien ja doch gar nicht so schlimm, wie gedacht?

Unser erstes Ziel ist Shkodër, dort haben wir auch einen Stellplatz rausgesucht. Erst aber müssen wir komplett durch die Stadt fahren. An Verkehrsregeln hält sich hier keiner, Fußgänger sind auch auf der Straße unterwegs sowie Hunde und Eselkarren oder Händler, die lebende Fische verkaufen. Ja, Shkodër überfordert uns gleich zu Beginn etwas. So viele Eindrücke, so anders ist alles, wie noch kurz zuvor in Montenegro. Glücklicherweise hat der Stellplatz geöffnet, also parken wir unseren Campervan und gehen zu Fuß zurück ins Zentrum. Roma-Jungs fahren auf uralten Mopeds Schrott durch die Gegend, ein paar Straßen weiter kommen wir auch an ihrer Siedlung vorbei: einige Wellblechhütten, viel Müll drumherum, dazwischen spielen Kinder. Etwas weiter kommen wir an einer Bäckerei vorbei und bestaunen die Brotauswahl! Mit Körnern, hell, dunkel, rund, lang – das ist ja fast wie zu Hause und dort waren wir schon seit Monaten nicht mehr! Natürlich schlagen wir zu und beißen schon beim Hinausgehen in unsere Brötchen. Wir sehen auch schöne Moscheen und beobachten die Straßenverkäufer. Unser Abendessen nehmen wir dann im Restaurant vom Stellplatz ein. Die Vorspeise, zwei Hauptgänge, ein Dessert, dazu Bier und Wein haben uns inklusive großzügigem Trinkgeld 11 Euro gekostet, und es war wirklich richtig lecker!

Oben: Verkehrsteilnehmer in Albanien sind gerne kopflos unterwegs.
Unten: Burggarten der Festung Kalaja mit Blick in die umliegenden Berge

Camping & Restaurant Legjenda,
Agron 1, Shkodër
Tel. +355 69 650 67 46,
info@campinglegjenda.com
Ganzjährig geöffnet
42°02'37.0"N 19°29'20.9"E

Am nächsten Tag schlendern wir zu Fuß auf die Burg Rozafa, welche auf einem Hügel über Shkodër thront. Hier oben ist es ruhig, die Hektik der Stadt ist weit weg, und das gibt uns die Möglichkeit, die Stadt aus einer gewissen Distanz zu betrachten. Sie ist riesig, und die Sicht geht noch viel weiter. Unten könnten die Gegensätze nicht größer sein. Neben einem modernen Hochhaus liegt die Roma-Siedlung, hinter der Pferdekarre fährt eine große Mercedes-Limousine, und während die einen mit vollen Tüten aus dem Supermarkt kommen, suchen die anderen im Müll nach Resten. Diese massiven Gegensätze stimmen uns nachdenklich, und wir können nur jedem, der nach Albanien reist, empfehlen, genügend Zeit mitzubringen, um genau diesen Kulturschock in Ruhe zu verdauen.

Es geht weiter nach Durrës, der größten Hafenstadt im Land. Nur etwas südlich der Stadt liegt der Camping Pa Emer, was auf Deutsch »der ohne Namen« heißt, was eigentlich sehr merkwürdig ist, kennt doch quasi jeder Albanienreisende genau diesen Platz! Stellplätze direkt am Meer, eine kleine vorgelagerte Insel und ein älteres Besitzerehepaar, das auf Wunsch auch den Kochlöffel schwingt.

Camping Pa Emer
Rrakull Karpen, Kavaja
Tel. +355 664 15 15 02,
reservation@kampingpaemer.com
Ganzjährig geöffnet
41°10‘55.8“N 19°28‘41.8“E

Am nächsten Tag treffen wir eine Bekannte in Durrës und sie zeigt uns die Stadt. Ein griechisches Amphitheater, Teile der alten Stadtmauer und eine moderne Schwimmhalle über dem Strand – Durrës hat vieles, außer vielleicht besonders viel Charme. Wir verplaudern uns, und es dämmert bereits stark, als wir uns auf den Rückweg zum Campingplatz machen. Bei Tageslicht ist das Fahren in Albanien ja schon anspruchsvoll wegen der zahlreichen Löcher im Belag, den Tieren sowie Menschen auf der Fahrbahn und den wilden Überholmanövern, doch nachts kommen noch die unbeleuchteten Verkehrsteilnehmer dazu. Nach der halbstündigen Fahrt inklusive einem Beinahe-Unfall fallen wir hundemüde ins Bett und genießen den nächsten Tag lieber am schönen Strand vor unserem Campervan.

Die Nationalstraße SH8 bringt uns in den Süden. Wir übernachten in Radhimë auf einem einfachen Stellplatz direkt am Meer, bevor es am nächsten Tag dann den Llogara-Pass hinaufgeht. Bei guten Wetterverhältnissen soll man auf der Passhöhe bis Griechenland sehen. Wir schlängeln uns an unzähligen Löchern sowie einigen Kühen vorbei langsam die Serpentinen hinauf. Mühelos schafft es unser Campervan über die Kuppe auf 1027 Meter über dem Meer – und vor uns erstreckt sich der Süden Albaniens.

Oben: Innerhalb der Burg Rozafa bei Shkodër
Unten: Unser Stellplatz direkt am Meer auf dem Camping Pa Emer
Folgende Doppelseite: Blick von oben auf die Blue Eye Quelle.

Sandstrände so weit das Auge reicht, türkisblaues Meer und was ist das? Das müsste doch Korfu, die griechische Insel, sein! Wahsinn! Die Fahrt auf der Südseite hinunter ist nicht minder beeindruckend. Wir genießen tolle Aussichten auf die schönsten Strände Albaniens, aber wir entdecken auch kleine Betonpilze. Es sind alte Bunkeranlagen, die zu Hunderten an strategisch wichtigen Punkten im ganzen Land erbaut wurden und heute zerfallen.

Unten angekommen, fahren wir an langen Sandstränden vorbei und sehen das Meer im Wechsel zwischen Türkis und Blau von Nahem. Die ersten Strände sind abgelegen, die weiteren näher bei der Zivilisation. Leider macht das Müllproblem im Land auch vor den Stränden nicht halt, und viele Plastikabfälle liegen herum. Das Leben ist einfach, die Menschen aber sind unglaublich gastfreundlich und hilfsbereit. Mit jedem zurückgelegten Kilometer weicht unser Respekt vor dem unbekannten Land mehr und mehr der Neugier und Entdeckerlust.

Was Gastfreundschaft anbelangt, kann den Betreibern des Ksamil Campings niemand das Wasser reichen. Herzlich werden wir begrüßt und uns wird ein Platz im Vorgarten des Hauses zugewiesen. Täglich werden wir mit Kaffee- und Teespezialitäten verwöhnt, es gibt auch mal traditionelles Gebäck und natürlich frische Blumen. Der Platz bietet die volle Infrastruktur und der Ort Ksamil ist zudem ein super Ausgangsort für diverse sehenswerte Orte in der Umgebung. Wir bleiben eine ganze Woche und machen verschiedene Ausflüge.

Camping Caravan Ksamil
Parku Kombëtar i Butrintit, SH81, Ksamil
Tel. +355 694 26 36 97, alekcerro@yahoo.com
Ganzjährig geöffnet
39°46'41.3"N 20°00'21.3"E

Einmal wäre da Sarande, eine kleine Hafenstadt mit mediterranem Flair am Wasser und so richtig typisch albanischer Hektik

im Zentrum der Stadt. Wir parken unseren Campervan irgendwo am Straßenrand und stürzen uns zu Fuß ins Gewühl. Frauen tragen Tücher voller Gemüse durch die Gassen, während einige Männer auf dem Gehweg stehen, die allesamt dicke Bündel mit Geld in der Hand halten und anscheinend fliegende Wechselstuben sind. Die gesamte Mercedes-Benz-Fahrzeugpalette – von alt bis brandneu – drängt sich zwischen Kleinlastern durch die Gassen. Am Hafen ist es etwas ruhiger, dort lockt uns ein Restaurant, in dem wir die typischen Fischgerichte probieren. Später zieht es uns noch zur Festung Kalaja e Lëkurësit, die auf dem Hügel hinter der Stadt liegt. Von hier sehen wir Korfu noch besser, schließlich sind wir nun in etwa auf der gleichen Höhe wie die griechische Insel, und von Sarande aus fahren auch Ausflugsboote nach Korfu hinüber.

Restaurant Limani
Lagjia Nr.1, Rruga Jonianet 3, Sarande
Tel. +355 85 22 58 58,
limanibbsarande@gmail.com
Täglich 7:15–0:45 Uhr
39°52'25.1"N 20°00'30.3"E

Weitaus spannendere Ruinen finden sich 4 Kilometer südlich von Ksamil im UNESCO-Weltkulturerbe Butrint. Die antike Ausgrabungsstätte liegt am Butrintsee und wurde erst 1928 durch einen italienischen Archäologen entdeckt. Wir spazieren durch die weitläufige Anlage, staunen über die Bauten und genießen den warmen Frühlingstag.

Auf dem Weg nach Gijrokaster, unserem nächsten Ziel, biegen wir mitten im Mali i Gjerë-Gebirge von der SH99 links in einen Feldweg ein, bezahlen ein paar Lek (die albanische Währung) und parken unseren Campervan am Ende der Schotterstraße. Noch ein paar Meter zu Fuß, dann sind wir bei der Blue-Eye-Quelle oder auf Albanisch Syri i Kaltër. Eine Karstquelle, die 6000 Liter Wasser pro Sekunde aus dem Boden spuckt, und das alles in einer unglaublichen tiefblauen Farbe. Eine etwas wacklige Aussichtsplattform bietet einen Blick von oben, so können wir das blaue Auge auch wirklich sehen.

Von der Blue-Eye-Quelle geht es weiter der SH99 entlang tief ins Hinterland hinein, bis sie in die SH78 mündet. Diese Berge! Wir staunen nicht schlecht, obwohl wir ja wissen, dass der Balkan seinen Namen vom gleichnamigen Gebirgszug hat. Etwas außerhalb von Gjirokaster checken wir auf dem kleinen Familiencampingplatz ein. Es ist schon später Vormittag, als wir zu Fuß ins historische Zentrum spazieren. Gjirokaster drohte das Schicksal einer Geisterstadt, bis die UNESCO ihr Welterbesiegel im Jahr 2005 erteilte und die Touristen die Wirtschaft ankurbelten. Der Ort besticht mit seiner einmaligen Architektur, die Häuserdächer sind allesamt mit Schieferplatten gedeckt. Wir schlängeln uns durch die Gassen bis zur Festung Kalaja hinauf. Nebst einem Militärmuseum im Inneren ist auch der Außenbereich sehr schön, wo das berühmte Flugzeugwrack steht. Auch die Fernsicht in die Bergwelt ist wunderschön.

Abends gibt es noch eine Schnapsprobe auf dem Camping samt hausgemachter albanischer Spezialitäten. Ein passender Abschluss für unsere Albanienreise, bevor es durch die Berge weiter nach Griechenland geht.

Camping Gjirokaster
Rruga Valere, Topullaraj, Gjirokaster
Tel. +355 69 839 14 92,
info@campinggjirokaster.al
Ganzjährig geöffnet
40°06'06.6"N 20°09'02.3"E

Oben links: Fisch zum Mittagessen in Sarande
Mitte: Flugzeugwrack in Gjirokaster
oben rechts: Täglicher Genuss auf dem Camping Ksamil
Unten: Blick auf den Hafen von Sarande

ΣΚΕΤΟΣ
ΜΕΤΡΙΟΣ
ΓΛΥΚΟΣ
ΓΑΛΑ
SUPER JELLY

Start- und Endpunkt
Von der Vikos-Schlucht auf den Pelion

Streckenlänge
1781 km

Fahrzeit
ca. 25 Std. 30 Min.

Highlights
Meteora, Lefkada
Mystras, Monemvasia
Ostern in Leonidio

TOUR 6

GRIECHENLAND

Griechenland

HIGHLIGHTS AUF DEM FESTLAND
INKLUSIVE PELEPONNES

Von Albanien kommend, freuen wir uns als Erstes über den guten Zustand der E853 in Griechenland, der wir bis Kalkati folgen. Von dort geht es auf kleinen Straßen bis nach Monodendri. Wir wollen zur Vikos-Schlucht im Pindos-Gebirge. Es gibt verschiedene Aussichtspunkte, wir steuern den von Oxya an. Am Ende der Straße können ein paar Fahrzeuge geparkt werden, und die letzten Meter geht es nur noch zu Fuß weiter. Noch ein paar Schritte um einen Felsen herum und wow, die Aussicht ist spektakulär! Vor uns geht es senkrecht Hunderte Meter hinunter in die Vikos-Schlucht. Die Schlucht ist nicht breit, aber sehr tief, das hat ihr auch den Guinness-World-Record-Eintrag beschert, denn sie soll im Verhältnis zu ihrer Breite die tiefste Schlucht der Welt sein. Man kann sogar in die Schlucht hinabsteigen und sie durchwandern. Beim Kloster Agia Paraskevi geht der Weg los und führt rund 800 Meter über eine Treppe in die Vikos-Schlucht hinunter.

Monemvasia – die kleine hübsche Insel direkt vor der Küste

Durch die hügelige Landschaft fahren wir weiter nach Süden bis Ioannina, wo wir auf dem Camping Limnopoula einen Platz direkt am See beziehen. Ein paar Tage bleiben wir hier, genießen das gute Wetter und essen unser erstes und gleichzeitig bestes Gyros-Pita von ganz Griechenland im Lokal Oivlaxoi.

Camping Limnopoula
Kanari 10, Ioannina
Tel. +30 26510 252 65, noioanninon@hotmail.gr
Ganzjährig geöffnet
39°40‘40.1“N 20°50‘37.9“E

Restaurant Oivlaxoi
Mitropoleos 3, Ioannina
Tel. +30 26510 700 21
Täglich 12–1 Uhr
39°40‘07.0“N 20°51‘23.5“E

In Griechenland wird die Maut anhand der Fahrzeughöhe bei der Vorderachse berechnet. Mit unserem Kastenwagen wird das schnell teuer, und so entschließen wir uns, weitestgehend auf Mautstraßen zu verzichten.

Somit nehmen wir nach Meteora nicht die A2, sondern die etwas kurvigere E92. Schon von Weitem sehen wir die für die Region typischen Felsformationen und dann endlich auch das erste Kloster. Via Kastraki fahren wir zwischen die Felsen zu den Klosteranlagen, die auf deren Spitzen thronen. Einst waren es 24 Klöster, heute sind nur noch sechs davon bewohnt und besuchbar, wobei zwei Frauenklöster sind und die übrigen von Mönchen bewohnt werden. Wir schauen uns eines nach dem anderen von außen an und zwei auch von innen. Dafür muss Steffi sich über die Hose einen Wickelrock ausleihen, denn die Klöster dürfen von Frauen nur mit Röcken und von Männern nur in langen Hosen besucht werden. Die Aussichten von hier oben sind toll, die Gebäude samt Außenanlagen sehr gepflegt und wunderschön, im Inneren sind außerdem spannende Ausstellungen zu besichtigen.

Geschlafen haben wir auf dem Camping Vrachos Kastraki, von wo aus wir auch eine Wanderung gemacht haben.

Campsite Vrachos Kastraki
Kalambaka 422 00, Griechenland
Tel. +30 24320 222 93,
www.campingkastraki.com
Ganzjährig geöffnet
39°42'47.8"N 21°36'56.5"E

Dem Pindos-Gebirge und seinen verborgenen Schätzen haben wir uns nun ausgiebig genug gewidmet, es wird Zeit, ans Meer zu fahren. Inseln sind mit dem Camper ja meist mit Fährkosten verbunden, nicht so Lefkada. Also fahren wir nach Südwesten und gelangen bequem über einen Damm auf die Insel Lefkada. Den Camping Desimi Beach nehmen wir als Basislager, ein kleiner einfacher Platz, der rund um eine Bucht liegt. Wir parken direkt am Meer und genießen die Aprilsonne, bevor wir in den kommenden Tagen die Insel erkunden.

Camping Desimi Beach
Kavvadas Bros, Vlycho, Lefkada
Tel. +30 6937 33 42 40,
camping.desimi@gmail.com
Ganzjährig geöffnet
38°40'21.2"N 20°42'39.0"E

Die schönsten Strände liegen an der Westküste. Wir besuchen den Egremni Beach, können ihn aber wegen einer Straßensanierung nur von oben bestaunen. Schneeweiß bildet der Sand hier eine Abtrennung des türkisfarbenen Meerwassers und den steil aufragenden Felsen der Küste. Wir folgen der Straße bis ganz in den Süden Lefkadas, wo am Ducato Cape ein Leuchtturm steht. Ganz im Norden der Westküste liegt Kathisma Beach, der wohl berühmteste Strand der Insel.

Oben: Die Klosteranlagen von Meteora thronen auf den Felsspitzen.
Unten: Unser Stellplatz auf dem Camping Limnopoula am Pamvotida-See

Nach ein paar Tagen verlassen wir Lefkada und fahren dem Golf von Korinth entlang nach Delphi. Unterwegs helfen wir einigen Schildkröten sicher über die Straße – Griechenland-Notfall nennen wir das – und staunen über die tollen Farben des Meeres und der Landschaft am Wegesrand.

Die Ausgrabungsstätte von Delphi schauen wir uns erst morgen an, heute genießen wir nur noch die einmalige Aussicht auf die Olivenhaine bis hin zum Meer, die wir von unserem Stellplatz aus auf dem Campingplatz Delphi haben.

Camping Delphi
4th km Delphi, Chrisso road, Delphi
Tel. +30 22650 822 09,
info@delphicamping.com
Geöffnet vom 1. April bis 31. Oktober
38°28'43.1"N 22°28'25.7"E

Delphi gilt als das wichtigste Orakel der griechischen Antike und galt lange als das Zentrum der Welt. Wir sind früh an der Ausgrabungsstätte und beeindruckt, wie mit den dazumal einfachen Mitteln solche Bauten erstellt werden konnten.

Oben: Details der Ruinenstadt Mystras
Unten: Beeindruckende Bauten von Delphi

Am Nachmittag fahren wir ins nur 36 Kilometer östlich von Delphi gelegene Kloster Hosios Loukas. Eingebettet in die Natur mit wiederum toller Aussicht erstreckt sich das Kloster über mehrere Gebäude. Wir erkunden das Gelände, die alten Stallungen, die Fotanama (ein Raum mit Feuerstelle und steinernen Bänken an den Wänden entlang) und zum Schluss natürlich auch die alte und die etwas neuere Kirche. Speziell die mit Gold verkleideten Mosaike gefallen uns sehr gut.

Nach dem Zwischenstopp geht die Fahrt nun direkt weiter zum Korinth-Kanal. Heute wird der Kanal fast nur noch von Freizeit kapitänen genutzt, zu schmal ist er für die großen Schiffe. Diese schnurgerade Linie mit dem türkisfarbenen Meer ist aber nur schon für das Auge ein Highlight. Wir genießen den Ausblick und fahren dann noch auf der nördlichen Seite des Kanals bis an die Landspitze raus, wo am Kap Melagavi ein imposanter Leuchtturm steht. Unterwegs kommen wir an einer Lagune vorbei, die von den Einwohnern liebevoll »See« genannt wird, aber Salzwasser beinhaltet. Am Ufer ist ein großer Parkplatz und hier übernachten wir auch, denn obwohl das freie Übernachten in Griechenland eigentlich verboten ist, wird es außerhalb der Saison geduldet.

Freistehplatz an der Lagune
Großer Parkplatz an der Lagune, etwas weiter daneben ein Restaurant
38°01'56.5"N 22°52'23.8"E

Auf dem Peloponnes fahren wir als Erstes nach Nafplio und Tolo, was uns beides nicht so zugesagt hat, also schnell weiter nach Mystras. Wo einst 40 000 Menschen lebten, schlendern wir heute durch die Ruinenstadt. Die Metropolis ist gut erhalten und fasziniert uns wegen ihrer vielen schönen Details. Das Gelände ist sehr weitläufig, und die Oberstadt kann sogar durch einen zweiten Eingang mit ebenfalls einem davorliegenden Parkplatz besucht werden.

Nach der Besichtigung fahren wir noch etwa eine Stunde weiter und so kommt es, dass wir am nächsten Morgen direkt am Strand frühstücken. Unser Camper steht derweil ein paar Meter hinter uns auf dem schönen, modernen Camping Gythion Bay, wo wir gleich für zwei Nächte bleiben.

Camping Gythion Bay
Mavrovouni Beach, Gythion
Tel. +30 27330 225 22,
contact@gythiocamping.gr
Geöffnet vom 1. April bis 31. Oktober
36°43‘46.2“N 22°32‘43.0“E

Eigentlich liegt Monemvasia nicht am Weg, aber für diesen Ort nehmen wir die Mehrkilometer gerne in Kauf. Monemvasia ist ein kleines Dörfchen auf einer Insel, die über eine Brücke mit dem Festland verbunden ist. Wunderschön schmiegt sich der autofreie Ort an einen Felsen mitten im türkisfarbenen Meer. Zahlreiche kleine Geschäfte säumen die engen Gassen bis zum großen Platz vor der Kirche, danach wird es ruhiger und sehr gepflegte Wohnhäuser stehen nun eng beieinander. In einem der Restaurants essen wir auf der Terrasse bei super Aussicht zu Mittag und genießen den herrlichen Tag.

Für Ostern haben wir uns einen Ort mit einer einzigartigen Tradition herausgesucht. Wir fahren nach Leonidio, checken auf dem Camping Semeli ein und genießen einen Tag am Strand. In der Nacht von Samstag auf Ostersonntag beginnt das Spektakel ab 23 Uhr. Auf den Plätzen bei den Kirchen sind die Menschenmassen damit beschäftigt, ihre Himmelslaternen zu starten. Dafür wird ein Stück Stoff in Petroleum oder Öl getaucht, unten an der Laterne befestigt, angezündet und nach ein paar Sekunden hebt das dünne Seidenpapier-Konstrukt ab gen Himmel.
In dieser Nacht steigen Hunderte Laternen hinauf und erhellen den Himmel. Begleitet wird diese Tradition von ohrenbetäubenden Böllern, die selbstverständlich ebenfalls mitten in den Menschen gezündet werden. Es ist laut, es stinkt nach Schwefel und Russ, aber es ist wunderschön, wie der Himmel erleuchtet ist. Ja, an diese Nacht werden wir uns an jedem noch folgenden Osterfest erinnern.

Oben: Blick in den Korinth-Kanal
Unten: Graffitis in den Straßen von Athen im Exarchia- Viertel

Restaurant The Tavern Of Matoulas
Monemvasia
Tel.+30 27320 616 60, www.matoula.gr
36°41'13.5"N 23°03'18.9"E

Nach diesem einmaligen Erlebnis ist es an der Zeit, den Peloponnes zu verlassen. Wir fahren nach Athen. Dort parken wir unseren Campervan auf dem Camping Athen und fahren mit dem Bus ins Zentrum der Stadt.

Camping Semeli
Epar. Od. Astrous, Leonidio
Tel. +30 27570 229 95, info@camping-semeli.gr
Geöffnet vom 1. April bis 30. November
37°08'58.6"N 22°53'31.3"E

Camping Athens
Leof. Athinon 198–200, Athen
Tel. +30 2105 81 41 14,
info@campingathens.com.gr
Ganzjährig geöffnet
38°00'31.5"N 23°40'19.6"E

Museen sind meist nicht so das Unsere und Ruinenstädte haben wir mittlerweile schon so viele in Griechenland besucht, deshalb suchen wir in Athen speziellere Aussichtspunkte. So erklimmen wir den Hügel Filopappou und schauen uns die Akropolis von hier an, in der anderen Richtung sehen wir übrigens bis in die Hafenstadt Piräus. Auf dem Areopagus-Hügel sitzen wir zum Sonnenuntergang. Hier sind wir noch näher

an der Akropolis und können gleichzeitig dem Sonnenuntergang hinter Athen zuschauen. Zu Fuß geht es dann weiter nach Monastraki, dem In-Viertel der Stadt. Abends gibt es hier viele Bars, tagsüber werden die Gassen zu regelrechten Einkaufsmeilen. Straßenkunst finden wir im Exarchia-Viertel, wo fast jedes Gebäude von einem Graffiti verziert wird. Darunter gibt es wahre Kunstwerke. Als wir am Hadrianstor vorbeikommen, staunen wir nicht schlecht, denn von hier können wir den Olympieion – besser bekannt als Tempel des Zeus – und die Akropolis sehen. Als wir dann auch noch im Nationalgarten, einem großen Park inmitten der Stadt, eine frei lebende Griechische Landschildkröte antreffen, sind wir uns ganz sicher: Athen gehört für uns zu den spannendsten und abwechslungsreichsten Städten überhaupt.

Zum Schluss unserer Griechenlandreise legen wir noch einen Stopp auf der Halbinsel Pelion ein. Gleich mehrere Nächte bleiben wir auf dem Camping Sikia, der wunderschön über mehrere Terrassen direkt am Meer gelegen ist.

Camping Sikia
Kato Gatzea, Volos
Tel. +30 24230 222 79, info@camping-sikia.gr
Ganzjährig geöffnet
39°18'36.6"N 23°06'35.1"E

An einem Tag machen wir einen Ausflug nach Milies, von wo aus wir auf den Schienen der Schmalspurbahn zurück nach Kala Nera wandern. Der Zug fährt nur noch selten, zudem ist die Dampflok laut und sehr langsam unterwegs. Das können wir selbst bezeugen, denn nach den ersten paar Kilometern kommt sie doch tatsächlich gemütlich angetuckert. Wir hatten noch genug Zeit, die Kameras in Position zu bringen, bevor der Zug uns eingeholt hat. Es ist eine tolle Wanderung mit sehr schönen Aussichten über die Hügel bis zum Golf von Pagasitikos. Zum Schluss suchen wir eine Abkürzung durch den Olivenhain und gönnen uns zurück auf dem Camping ein erfrischendes Bad im Meer.

Rund einen Monat sind wir nun schon in Griechenland. Ein richtig tolles Land mit unglaublich vielen Sehenswürdigkeiten. Nun aber wollen wir weiter, es warten noch viele Länder in Europa auf uns.

Vorhergehende Doppelseite: Blick auf die Akropolis vom Filopappou-Hügel aus
Oben links: Typisches Mittagessen in Griechenland – Gyros Pita
Oben rechts: Schienenwanderung auf dem Pelion
Unten: Abendstimmung auf dem Camping Sikia

Fanta

comewithus2.com

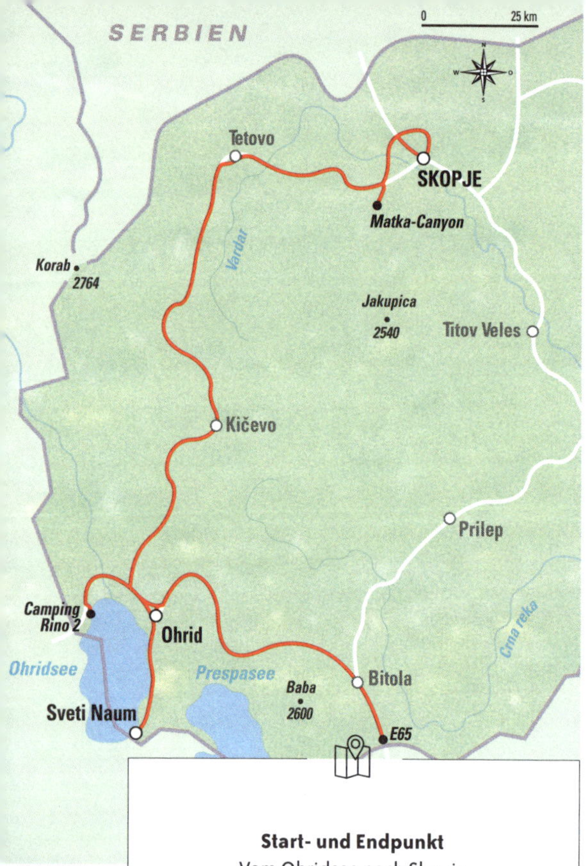

Start- und Endpunkt
Vom Ohridsee nach Skopje

Streckenlänge
388 km

Fahrzeit
ca. 6 Std. 35 Min.

Highlights
Ohridsee mit Sveti Naum
Matka-Canyon

Nordmazedonien

UM DEN OHRIDSEE DURCH DIE MATKA-SCHLUCHT BIS NACH SKOPJE

»Ausschreitungen im Parlament von Skopje« – diese Schlagzeile geht durch die westliche Presse wie ein Lauffeuer, und wir stehen vor der Grenze zu Mazedonien bzw. wie es heute korrekt heißt »Nordmazedonien«. Lange überlegen wir, was wir jetzt tun sollen und entscheiden uns für die Einreise. Wir wollen im Land selber hören, wie die Situation tatsächlich ist und fahren als Erstes an den Ohridsee. Der Empfang beim Camping Rino ist fürstlich. Kaum ist der Motor unseres Campervans aus, stehen auch schon ein Kaffee und ein selbst gebrannter Raki (Schnaps) auf dem Tisch. Der Platzbesitzer ist jung und heißt uns sehr herzlich willkommen.
Ein bunter Nationalitätenmix trifft sich hier.

Camping Rino
Struga, Kalishta
Tel. +389 70 87 82 56, campingrino@gmail.com
Ganzjährig geöffnet
41°09'21.2"N 20°39'02.5"E

Der Ohridsee gilt als einer der ältesten Seen der Welt und trägt seit 1979 das UNESCO-Welterbe-Siegel. Grund genug, seine Ufer genauer zu erkunden. Die gleichnamige Stadt Ohrid ist ein Ort der Unterschiede. Enge Gassen mit kleinen Geschäften, aber auch große moderne Hotelanlagen. Wir spüren, dass Tourismus hier kein Fremdwort ist, trotzdem wirkt es nicht überlaufen. Am Hafen bieten zahlreiche Kapitäne ihre Boote für Ausflüge an, dahinter genießen ein paar Leute den Tag mit einem Kaffee an der Promenade. Unsere Erkundungstour führt weiter am See entlang, vorbei an der Bay of Bones, der Knochenbucht. Das Pfahlbautendorf auf dem See ist zugleich ein Freilichtmuseum.

Unser eigentliches Ziel ist aber Sveti Naum, eine Klosteranlage gut 30 Kilometer südlich von Ohrid und nur noch einen Katzensprung von der albanischen Grenze entfernt. Der heilige Naum ließ das Kloster erbauen und wurde auch darin begraben. Im Innenhof der großzügigen Anlage befindet sich die Klosterkirche, deren Wände mit vielen Fresken

Oben: Blick auf den Ohridsee vom Camping Rino aus
Unten: Skopje mit seinem prunkvollen Innenstadtkern

überzogen sind. Im umliegenden Wald sind außerdem zahlreiche Quellen, die entweder zu Fuß oder per Boot erreicht werden können.

Zurück auf dem Camping Rino fragen wir beim Besitzer und den zahlreichen von Norden kommenden Reisenden nach, wie die Situation in der Hauptstadt aktuell sei. Einstimmig hören wir: Es ist überhaupt kein Problem! Die Auseinandersetzung fand nur innerhalb des Parlaments statt. Somit steht einem Besuch Skopjes nichts im Weg, und wir fahren in die Hauptstadt. Rund 10 Kilometer außerhalb des Zentrums von Skopje liegt beim Hotel Bellevue ein Campingplatz. Er ist im Vergleich zum Camping Rino mehr als doppelt so teuer, die sanitären Anlagen sind dafür etwas ungepflegter. Alternativen gibt es nicht. Der Platz selbst ist aber schön angelegt, mit ebenen Stellplätzen und großen Bäumen.

Camping Hotel Bellevue
Street 32 24, Ilinden
Tel. +389 2257 38 80,
bellevue-skopje@bestwestern-ce.com
Ganzjährig geöffnet
41°59'47.9"N 21°33'00.4"E

Mit dem öffentlichen Bus fahren wir ins Zentrum und sind schon nach ein paar Metern erschlagen. Nein, nicht wortwörtlich, die Lage ist wirklich absolut ruhig. Es sind die riesigen prunkvollen Bauten, die wir auf der Fahrt durch das ganze Land so noch nie gesehen haben. Gigantische Paläste und Brücken, riesige Statuen und alles reich verziert mit Gold. Auf uns wirkt diese neue, auf alt getrimmte Architektur einfach nur protzig, da gefallen uns der alte Bazar und der Rundgang auf der Festungsmauer der Kale mit Blick auf Skopje hinunter um einiges besser. Selbst auf Nachfrage bei den Einheimischen hieß es oft, so viele Sehenswürdigkeiten hat Nordmazedonien nicht ... aber einen Tipp haben wir dann doch noch bekommen: der Matka-Canyon! Rund 15 Kilometer südwestlich von Skopje liegt der Canyon, ein wahres Naturparadies. Bei Glumovo verlassen wir die Autobahn A2/E-65 und folgen den Schildern. Am Eingang in die Schlucht brauchen wir uns nur noch zu entscheiden, ob wir weiter zu Fuß, per Boot oder im Kanu den Canyon erkunden wollen. Wir entscheiden uns, an den steilen Hängen entlangzuwandern und bekommen so immer wieder tolle Blicke auf den Fluss und die Natur hier. Ein wirklich sehenswerter Ort.

Trotz unserer anfänglichen Skepsis, geschürt durch die westlichen Medien, wurde unser Aufenthalt in Nordmazedonien zu einem richtig tollen Erlebnis. Erneut lernten wir die für den Balkan typische Gastfreundschaft kennen und durften wieder superschöne Landschaften erkunden.

Oben links: Eine hausgemachte, leckere Mais-Pizza auf dem Camping Rino
Oben rechts: Herzliche Begrüßung mit Kaffee und Schnaps auf dem Camping Rino
Unten: Der Matka-Canyon kann zu Fuss oder per Boot erkundet werden.

KINO

Start- und Endpunkt
Vom Nationalpark Malet e Sharrit
zum Bärenwald von Priština

Streckenlänge
273 km

Fahrzeit
ca. 4 Std. 50 Min.

Highlights
Prizren
Bärenwald von Priština

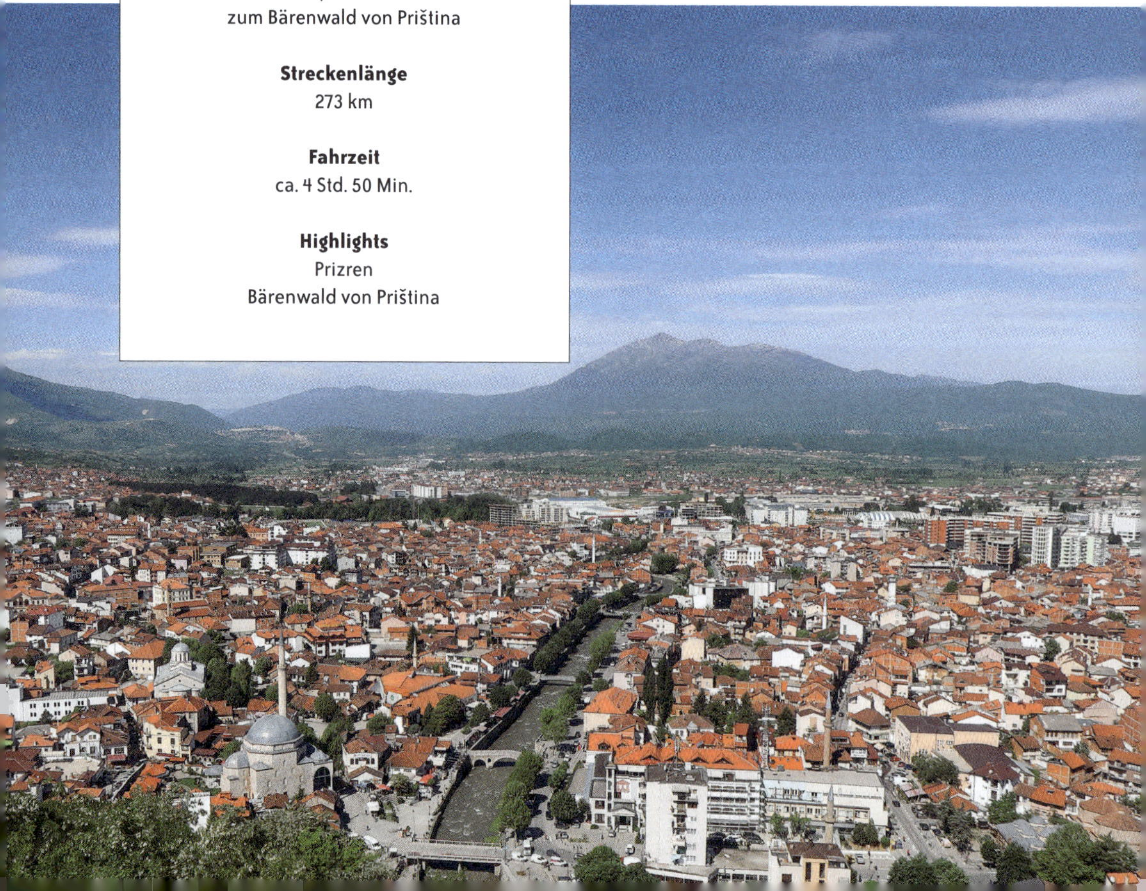

TOUR 8

KOSOVO

Kosovo

DURCH DIE BERGE NACH PRIZREN UND ZUR BÄRENSTATION HINTER PRIŠTINA

Der Kosovo ist das jüngste Land Europas, erst 2008 erklärte der Staat seine Unabhängigkeit von Serbien, das diesen Entscheid bis heute nicht anerkennt. Die Einreise in das kleine Land ist mit einem Fahrzeug auch etwas aufwendiger, wir müssen eine Haftpflichtversicherung für unseren Campervan an der Grenze abschließen, die uns 15 Euro für 15 Tage kostet. Die Zollkontrolle selbst ist allerdings schnell erledigt.

Als Erstes durchfahren wir im Kosovo den Nationalpark Malet e Sharrit im Süden des Landes. Viel Grün dominiert diese Region des Gebirgszuges Šar Planina mit Bergspitzen auf 2700 Metern über dem Meer. Bei einem Restaurant direkt an der R115 fragen wir schließlich, ob wir auf dem Parkplatz die Nacht verbringen dürfen, denn im ganzen Kosovo gibt es keinen Campingplatz. »Ja klar, kein Problem«, sagt uns der Besitzer – auf Deutsch versteht sich. Im Restaurant gehen wir auch Abendessen und finden besonders an der Platte mit den regionalen Köstlichkeiten Gefallen.

Restaurant Vila Park
Road Prizren, Brezovica on 12th km, Sredska
Tel. +377 44 295 973, vilapark@live.com
42°10'15.8"N 20°50'46.4"E

Gut erholt kommen wir am nächsten Morgen in Prizren an. Wir spazieren durch die Gassen, als wir angesprochen werden: »Hello, where are you from? Ah, Schwizerland Grüezi Grüezi!« Es stellt sich heraus, dass der freundliche Herr lange in der Schweiz gearbeitet hat. Er gibt uns natürlich zig Tipps, was wir in der Stadt anschauen sollen und lädt uns ein, bei ihm im Garten unseren Campervan zu parken. Wasser, Strom, das könne er uns gerne zur Verfügung stellen. Leider ist die Zufahrtsstraße viel zu eng, weshalb wir das Angebot nicht annehmen können. Wir spazieren – nun mit einem konkreten Ziel – weiter und erklimmen den 525 Meter hohen Hügel, um zur Festung Kalaja zu kommen. Die Aussicht auf Prizren ist toll, uns gefällt die Stadt im osmanischen Stil ja sowieso sehr gut. Zurück

Oben: Platte mit regionalen Köstlichkeiten im Restaurant Vila Park
Unten: Blick über Prizren von der Kalaja Festung aus

im Zentrum, schauen wir uns auch noch die Kathedrale sowie die Sinan-Pascha-Moschee an und schlendern dem Fluss Prizrenska Bistrica entlang zurück zu unserem Van. Unterwegs durch den Kosovo begegnen wir immer wieder KFOR-Truppen, entsandt aus verschiedenen Ländern. Bis heute sorgen sie für Ruhe und Sicherheit im Land. An diesen Anblick muss man sich einfach gewöhnen.

In Priština holt uns das Verkehrschaos ein. Jeder fährt, wie er gerade will und weil exakt in diesem Moment die Freitagsmesse aus ist, sind Tausende Menschen zu Fuß oder in motorisierten Fahrzeugen auf den Straßen unterwegs. Einen Parkplatz zu finden, ist unmöglich, wir wollen nur noch zur Stadt hinaus. Dann also direkt zum nächsten Ziel: Dem Bärenwald, geführt von Vier Pfoten. Hier finden ehemalige Bären aus Privathaltung oder aus kleinen Käfigen vor Restaurants einen artgerechten Platz fürs Leben – und viel Aufklärungsarbeit wird geleistet.

Bärenwald Priština
Auf der M25-2 bis Mramor, dann dem nördlichen Seeufer nach Westen folgen bis zum Bärenwald (ausgeschildert)
Tel. +383 44 609 044, www.bearsanctuary-prishtina.org, April – Oktober 10-19 Uhr, November – März 10-16 Uhr
42°38‘11.3“N 21°15‘28.8“E

Auf dem Weg nach Peja, wo nach Luis Geschmack das beste Bier in Europa herkommt, schlafen wir in einem Hotel. In den Orten ist es schlicht einfacher, ein Zimmer zu buchen als einen ruhigen Stellplatz für die Nacht zu finden. Durch den Nationalpark Bjeshkët e Nemuna fahren wir weiter nach Montenegro.

Die schwierige Übernachtungssituation ist es dann auch, die uns das kleine Land, das flächenmäßig etwa ein Viertel der Schweiz ausmacht, nach zwei Nächten wieder verlassen lässt. Ein interessantes Land mit viel Natur und in ein paar Jahren sicher auch für Campingreisende sehr spannend.

Oben: Der Fluss Prizrenska Bistrica fließt mitten durch die Stadt Prizren.
Unten: Steffi im Bärenwald Priština

BEARSANCTUARY
PRISHTINA
THE BEAR
IS A SYMBOL
of what is
RIGHT
with
WORLD

Start- und Endpunkt
Von Zlatibor nach Golubac an der Donau

Streckenlänge
613 km

Fahrzeit
ca. 10 Std. 40 Min.

Highlights
Uvac-Canyon
Tara-Nationalpark
Belgrad
Weg an der Donau entlang

Serbien

UNENTDECKTE SCHÖNHEITEN IM BALKAN: UVAC, TARA-NATIONALPARK, OVCAR KABLAR

Die Einreise direkt vom Kosovo ist nur möglich, wenn man bereits über Serbien in den Kosovo gereist ist, wir aber kamen von Nordmazedonien, also mussten wir einen kleinen Umweg über Montenegro machen, um dann problemlos nach Serbien einreisen zu können.

In Zlatibor checken wir auf dem Kamp Zlatibor ein. Hier wird auch gleich die innerhalb von 24 Stunden nach Einreise erforderliche Registrierung bei der Polizei vorgenommen. Ab jetzt, so meint der Betreiber, sei die Registrierung gemacht, und auch wenn wir mal eine Nacht frei stehen, wäre das kein Problem. Und so war es dann auch …

Kamp Zlatibor
E-763, Zlatibor
Tel. +381 31 84 51 03, camp@zlatibor.org.rs
Geöffnet vom 1. April bis 1. Oktober
43°43'17.0"N 19°42'31.0"E

Festung Golubac an der Donau – am anderen Flussufer liegt Rumänien

Wir wollen zu den Flusswindungen des Uvac-Canyons. Dieses Vorhaben stellt sich aber als nicht ganz so leicht heraus, denn im Besucherzentrum in Nova Varos kann niemand Englisch. Doch wir werden herzlich begrüßt, und schnell findet sich im Telefonspeicher ein Bekannter, der uns alles erklärt. Mit unserem Camper wird das aber nichts, deshalb buchen wir einen lokalen Guide und sitzen kurze Zeit später in Miloje-Mikas SUV. Ein paar steile Wiesenhänge, tiefe Schlammfurchen und Schlaglochpisten später sind wir am Aussichtspunkt Vidikovac angekommen und genießen den tollen Ausblick. Zum Schluss gibt es beim Bruder unseres Guides noch ein Bier im Restaurant Uvac.

Wanderung Uvac-Canyon
Start am Restaurant Uvac
(43°20'12.3"N 19°59'15.7"E)
Dem Wanderweg bis zum Aussichtspunkt Vidikovac folgen. Ca. 5 km/1:15 Std. pro Weg
(Rückweg ist derselbe)
Parken mit 4x4 direkt beim Restaurant Uvac (Übernachten möglich), ohne 4x4 spätestens auf der ersten Anhöhe nach Beginn der Schotterpiste (zzgl. ca. 1,6 km/25 Min. pro Weg)

Heute wollen wir im Tara-Nationalpark wandern. Ein guter Ausgangsort dafür ist die Touristeninformation in Mitrovac. Wir erhalten englischsprachige Infos zu Wanderungen und kaufen uns eine detaillierte Wanderkarte. Auch unterwegs ist alles höchst professionell beschildert – sind wir in einem anderen Land? Die Entscheidung fällt auf die Route 9, die uns zum Banjska-Stena-Aussichtspunkt führen soll. 12,2 Kilometer und 305 Höhenmeter sollen in 3:55 Stunden gemäß Karte zu schaffen sein. Der Wald wird immer dichter, der Weg zum Schluss zum Trampelpfad – und dann bekommen wir die erste Aussicht, gefolgt von weiteren Aussichtspunkten. Wow, ist das schön und dank der Karte wissen wir auch gleich, dass wir hier auf die Drina gucken, die mit ihrem fließenden Wasser Serbien von Bosnien-Herzegowina trennt.

Im Campingplatzführer von Serbien – auf Deutsch natürlich – finden wir den Viljamovka Camping. Der ältere Betreiber begrüßt uns mit einem selbst gebrannten Schnaps, und auch ohne gemeinsame Sprache verstehen wir, dass er diesen aus den hier wachsenden Birnen in der direkt neben der Freiluftrezeption stehenden Destillerie-Anlage brennt.

Mini-Kamping Viljamovka
Selo Kremna, Mokra Gora
Tel. +381 63 842 98 08,
camping.viljamovka@gmail.com
Geöffnet vom 1. Mai bis 1. Oktober
43°50'42.3"N 19°34'27.3"E

Zwischen Ovčar Banja und Čačak gibt es nicht nur viele Wanderwege, sondern auch insgesamt zehn Klosteranlagen, die besichtigt werden können. Wir haben uns für das Kloster Blagoveštenje entschieden, das uns mit dem gepflegten Garten und dem begehbaren Glockenturm sehr gefallen hat.

Auf dem weiteren Weg nach Belgrad übernachten wir auf dem Camping Zornica House, nicht weit von der E-763 entfernt. Eine kleine Oase der Ruhe, umgeben nur von den vielen Bauernhoftieren.

Camping Zornica House
Zivorada Jankovica 13, Baćevac
Tel. +381 69 254 02 54,
recepcija@zornicakuca.rs
Ganzjährig geöffnet, aber Montag und Dienstag geschlossen, dann voranmelden
43°50'42.3"N 19°34'27.3"E

Für die Hauptstadt nehmen wir uns einen ganzen Tag Zeit. In der Nähe der Belgrader Festung parken wir unseren Camper und erkunden diese samt dem Kalemegdan-Park. Von den Festungsmauern aus hat man übrigens den besten Blick auf den Zusammenfluss der Save und der Donau. Die Knez-Mihailova gilt als die Einkaufsstraße und Fußgängerzone in Belgrad und führt

Oben: Unser Stellplatz auf dem Mini-Kamping Viljamovka
Unten: Aussicht vom Aussichtspunkt Vidikovac auf den Uvac

auch am Platz der Republik vorbei, wo nebst verschiedenen Denkmälern und Museen der Standort von Serbia-Tourismus ist. Am Zeleni Venac – ein fester Bauernmarkt – verfallen wir mal wieder dem Burek (gefülltes Teiggebäck). Auf dem Rückweg schlendern wir durch die Stari Grad (Altstadt) und kommen auch im Stadtteil Skadarlija vorbei, wo wir zumindest in einer der berühmten drei Kneipen – Tri Šešira (Drei Hüte), Dva Jelena (Zwei Hirsche) und Šešir Moj (Mein Hut) – einkehren.

Restaurant Tri Šešira
Skadarska 29, Belgrad
Tel. +381 60 313 01 80
Täglich 11–24 Uhr
44°49'04.2"N 20°27'51.2"E
Dva Jelena und Šešir Moj liegen gleich daneben (täglich 10–1 Uhr)

Der Donau folgend verlassen wir Belgrad und nach einem Halt bei der Festung Golubac – dem Eingang zum Eisernen Tor, wo die Donau die Grenze zu Rumänien aufzeigt –, verlassen wir das Land. Serbien hat uns mehr als positiv überrascht. Von den bestens beschriebenen Routen im Tara-Nationalpark bis hin zu den versteckten Perlen am Uvac-Canyon – hier findet jeder genau das, was er möchte und noch viel mehr.

Eingang zum Kalemegdan-Park in Belgrad

Start- und Endpunkt
Von Belogradtschik an den Bataksee und die Schwarzmeerküste entlang

Streckenlänge
1243 km

Fahrzeit
ca. 20 Std. 45 Min.

Highlights
Felsen von Belogradtschik
Rila-Nationalpark
Tanzbärenpark in Belitza
Küste nördlich von Warna am Schwarzen Meer

Bulgarien

ÜBERRASCHENDE LANDSCHAFTEN BEI BELOGRADTSCHIK UND IM RILA-NATIONALPARK

Bereits vor der eigentlichen Grenzkontrolle werden wir gestoppt: Vignette hier kaufen! Die Maut in Bulgarien gilt nicht nur für Autobahnen, sondern auch für einzelne Fernstraßen. Gut, wir können die Monatsvignette für 15 Euro gleich hier am Zoll beziehen. Jetzt aber los, auf geht es ins zwölfte Reiseland.

Die Hauptstraßen sind neu und dank der EU in gutem Zustand. Als wir Richtung Belogradtschik von der E79 abbiegen, sind aber auch die guten Straßen vorbei. Bevor wir die Region in den nächsten Tagen erkunden wollen, parken wir erst mal unseren Van auf dem Camping Han Madona und essen im dazugehörenden Restaurant regionale Spezialitäten.

Camping Han Madona
Madona Inn Falkovets, Road 114, Yanyovets
Tel. +359 894 77 47 46, info@hanmadona.com
Ganzjährig geöffnet
43°35'52.4"N 22°46'47.6"E

Die Nordküste Bulgariens südlich vom Kap Kaliakra

Von Rabisha bis Belotintsi erstreckt sich eine einmalige Felsenlandschaft und unser Ziel Belogradtschik liegt mittendrin. Schon während der Anfahrt bestaunen wir die Sandsteinfelsen, die sich weit über die Baumwipfel hinaufstrecken. Wir nutzen die Parkbuchten und erhaschen von zahlreichen Plattformen grandiose Ausblicke über die Landschaft. In Belogradtschik selbst ist in ebendiese Felsen eine Burg hineingebaut, die wir ebenfalls erkunden. Nicht weit von hier liegt die Magura-Höhle, die für ihre Höhlenmalereien bekannt ist. Mit einem dicken Pullover erkunden wir die Höhle und scheuchen immer wieder Fledermäuse auf – eine wirklich spannende Sehenswürdigkeit.

Sofia, die Hauptstadt, lassen wir aus und fahren direkt in den Rila-Nationalpark. Hier besichtigen wir das Rila-Kloster, ein speziell schönes Gebäude mit unzähligen Wandmalereien. In der Region gibt es zudem noch mehr zu sehen: Zum Beispiel die Stob-Pyramiden, bizarre Felsformationen, die teilweise sogar steinerne Hüte aufhaben. Auf dem Weg zum Camping Verila in Saparewa Banja kommen wir auch am berühmten Geysir vorbei.

Leider wurde dieser in eine Springbrunnen-Konstruktion gezwängt: Wir fanden ihn daher nicht besonders toll.

Camping Verila
Sapareva Banya
Tel. +359 88 884 37 59, tsverila@abv.bg
Ganzjährig geöffnet
42°17'29.7"N 23°15'04.7"E

Eigentlich kamen wir in den Rila-Nationalpark, um die sieben Rilaseen zu umwandern. Der Sessellift, der uns in die Hochebene hätte fahren sollen, ist wegen des schlechten Wetters am Wochenende aber nicht in Betrieb, und unter der Woche läuft er aktuell sowieso nicht. Also müssen wir ohne dieses Highlight weiterfahren. Gut 150 Kilometer und eine Schotterpiste weiter, erreichten wir den Tanzbärenpark in Belitza. Ein Ort der Traurigkeit und der Freude zugleich. Hier leben Bären, die in ihrem Leben bis zur Befreiung durch die Organisation Vier Pfoten nur Leid und Qualen erlebt haben, die angekettet durch die Straßen tanzen mussten und auf Kohlen das »Tanzen« auf zwei Beinen erlernten.

Tanzbärenpark in Belitza
Adrianov Chark, Belitza
Tel. +359 88 244 13 77
Geöffnet vom 1. April bis 31. Oktober
42°01'47.0"N 23°34'36.4"E

Nicht ganz zwei Stunden später checken wir auf dem Öko-Camping Batak ein. Ein toller Platz an den Ufern des Bataksees. Wegen eines Problems mit unserem Batterieladegerät wurde der Aufenthalt unfreiwillig etwas länger. Doch ganz ehrlich, es gibt Schlimmeres, als bei netten Betreibern auf einem tollen Platz in einer schönen Natur zu stranden.
Als wir das Ersatzgerät ein paar Tage später eingebaut haben, wollen wir gleich weiter.
So fahren wir via Griechenland in die Türkei. Diese Route folgt im nächsten Kapitel, hier springen wir gleich weiter an die bulgarische Schwarzmeerküste, der wir nach der Türkei entlanggefahren sind.

Mit maximal 40 Kilometern pro Stunde arbeiten wir uns auf der 99er-Straße von der türkischen Grenze bis zum Schwarzen Meer vor. Etwas nördlich von Primorsko werden wir dann mit einer Sanddüne und richtig tollen Ausblicken auf das Flussdelta des Ropotamo belohnt. Wir wandern im Naturschutzgebiet der Küste entlang und genießen diesen wunderbaren Tag hier am Meer, das übrigens überhaupt nicht schwarz ist, sondern in tollen Türkisfarben schimmert. Hier an der südlichen Schwarzmeerküste finden wir nur sehr heruntergekommene Campingplätze, die einzig und allein mit ihrer Lage direkt am Meer punkten können.

Innenhof vom wunderschönen Rila-Kloster im gleichnamigen Nationalpark
Folgende Doppelseite: Die spektakulären Säulen des Steinwaldes bei Dewnja

In der Altstadt von Nessebar stoßen wir auf zahlreiche westliche Touristen, All-Inclusive-Bändchen in allen Farben um die Handgelenke gebunden. Uns wird es schnell zu viel Tourismus und zu wenig Bulgarien. Also fahren wir weiter und sitzen bald auf dem wirklich schönen Camping Zora in der Mitte von zwei holländischen Reisegruppen mit insgesamt über 30 Wohnmobilen und Wohnwagen. Wir hatten Glück, dass wir überhaupt noch ein Mini-Plätzchen hier gefunden haben. Die Touristen reisen aber morgen alle ab, dann gehört uns der Platz fast alleine.

Camping Zora
Treti mart Str. 66, Obzor
Tel. +359 89 821 80 27, www.zora-ob.com
Geöffnet vom 24. Mai bis 15. Oktober
42°49'28.0"N 27°52'46.8"E

Eine Zuschauerin unserer YouTube-Videos von der Reise schreibt uns, sie ist Deutsch-Bulgarin und möchte uns gerne ihre Lieblingsplätze um Warna zeigen, wo sie auch lebt. Natürlich sagen wir zu und erkunden nach einem Stück selbst gemachtem Kuchen den Strand von Galata mit Margarita zusammen. Es ist ein schöner und eher unbekannter Strand südlich von Warna, der über 500 Treppenstufen erreichbar ist. Etwas nördlich davon liegt ein kleines Fischerdorf, wir spazieren mit ihr hindurch, und die Männer wechseln ein paar Worte mit unserer Gastgeberin.

Mit dem Camper fahren wir zum Observationsdeck, von wo wir ganz Warna inklusive des Hafens überblicken können. Das nächste Ziel liegt rund 30 Fahrminuten entfernt im Hinterland: Wir wollen zum Steinwald bei Dewnja. Dort angekommen, macht uns die

Ticketverkäuferin darauf aufmerksam, dass heute kein Parkwächter am hinteren Parkplatz sei und wir unsere Fahrzeuge besser vorn an der Straße parken sollten. Solche Sicherheitshinweise nehmen wir ernst und parken natürlich unseren Campervan um. Dann erst erkunden wir diese skurrile Landschaft. Pobitite Kamni, wie sich der Steinwald eigentlich nennt, heißt übersetzt »in den Boden gerammte Steine«. Lange Zeit wurde angenommen, es handle sich bei den Säulen um Überbleibsel der Römischen Zeit, doch mittlerweile ist es mit Sicherheit belegt, dass sich die Säulen vor Millionen von Jahren auf dem Meeresgrund gebildet haben.

Am späten Nachmittag verabschieden wir uns von Margarita und lassen diesen tollen Tag auf dem Camping Laguna nördlich von Warna ausklingen. Am Hang gelegen ist der Platz ganz okay, auch wenn heute das warme Wasser wegen irgendwelcher Probleme leider aus ist.

Camping Laguna
Warna
Tel. +359 89 860 04 03,
laguna@lagunavillageresort.com
Geöffnet vom 1. März bis 31. Oktober
43°18‘23.8“N 28°03‘11.3“E

Den letzten Tag in Bulgarien verbringen wir ganz im Norden der Küste. Margarita hat uns gestern noch ein paar Tipps gegeben, was sich im Norden anzuschauen lohnt. Bei Kawarna fahren wir von der E87 ab auf die 901. Dieser Straße folgen wir stur geradeaus, bis ans Kap Kaliakra mit seiner Festung. Von den rund 70 Meter hohen Klippen ist der Blick auf die Steilküste spektakulär. Bei ganz genauer Betrachtung konnten wir sogar eine Schweinswalmutter samt Kalb ausmachen. Ja, hier im Norden gefällt es uns dann doch noch mal richtig gut.

Um an den Bolata Beach zu gelangen, fahren wir wieder ein Stück zurück und nehmen die allererste kleine Straße, die nach rechts abbiegt. Der folgen wir bis zum Strand und finden eine schöne Bucht mit Sandstrand am Fuße der Klippen.

Die Fahrt geht zurück auf die 901er, der wir bis zum Schabla-Leuchtturm folgen. Unterwegs sehen wir ein paar alte Öl-Pumpstationen, doch das schwarze Gold fließt hier längst nicht mehr in Strömen. Spannender ist da der Leuchtturm, der den Seemännern bis heute anzeigt, dass sie die Hälfte der Strecke vom Bosporus in Istanbul zum Donaudelta in Rumänien geschafft haben. Auch wir fahren diese Strecke, allerdings auf dem Landweg. Nun beginnt also die zweite Hälfte des Weges, die wir jetzt in Rumänien zurücklegen. Hier im Buch geht es aber zuerst noch in die Türkei.

Oben: Ein Bewohner des Tanzbärenparks in Belitza – heute lebt er in Frieden.
Unten: Camping Kiten an der Südküste Bulgariens – der Schein trügt aber gewaltig.

Start- und Endpunkt
Von Ipsala bis Edirne

Streckenlänge
995 km

Fahrzeit
ca. 13 Std.

Highlights
Çanakkale Destani Museum
Burhaniye
Istanbul

TOUR 11

TÜRKEI

Türkei

GALLIPOLI-HALBINSEL, STRANDFEELING IN BURHANIYE UND ISTANBUL

Von Griechenland kommend überqueren wir die Grenze bei Ipsala. An mehreren Stellen werden unsere Papiere immer wieder geprüft, dann sind wir drin. Auf Höhe Keşan biegen wir auf die E87 Richtung Süden ab und befinden uns schon bald auf der Gallipoli-Halbinsel. Die Straßen sind gut, es geht vorwiegend endlos lange gerade aus. Besonders lebendig ist die Natur entlang der Fernstraße nicht, es ist Anfang Juni und die Sonne brennt erbarmungslos vom Himmel.

Zum Übernachten wurde uns der Campingplatz vom Hotel Kum empfohlen. So fahren wir auf der E87 bis kurz vor Eceabat und überqueren einmal die Halbinsel. Nun wird das hier leider keine Platzempfehlung, sondern eher das Gegenteil. Der Empfang war, naja, eigenartig, aber wir wollen am ersten Tag in einem neuen Land nichts schlecht machen – vielleicht ist das die Kultur hier? Die Stellplätze sind zwischen Bäumen, der Elektrokasten vermutlich noch aus Zeiten vor dem Ersten Weltkrieg. Von dieser Zeitepoche stammen dann wohl auch die Sanitärgebäude inklusive Innenausbau. Kurz gesagt: alt, kaputt, ungepflegt und dreckig. Der Strand lässt sich aber sehen, dort legen wir uns hin und genießen das tolle Wetter.

Oben: Typisches Abendessen in der Türkei
Unten: Unsere Aussicht vom Campingplatz Altin

Am zweiten Tag wollen wir die Geschichte der Gallipoli-Halbinsel erleben und fahren dazu ins Çanakkale Destanı-Kriegsmuseum, obwohl wir nicht so die Museumsgänger sind. Irgendwo im Treppenhaus müssen wir eine Zeitreise gemacht haben – angekommen sind wir mitten im Krieg im Jahr 1915. Mit lebensgroßen Kriegern werden verschiedene Szenen nachgestellt, Taktiken werden erklärt, Ausrüstung und Bekleidung gezeigt. Sämtliche Erklärungen sind auch in englischer Sprache. Das absolute Highlight ist dann die 5-D-Kinoführung. Nebst riesigen Leinwänden um dich herum oder an der Decke gehst du von Raum zu Raum und bist mal auf einem Minenschiff und spürst die Detonation, mal musst du durch Schützengräben zum nächsten Raum, immer bist du wirklich Teil des Ganzen. Einziger Minuspunkt: Die türkische Propaganda zum Schluss ist dann doch sehr übertrieben und ließ uns wieder deutlich wahrnehmen, wo wir hier sind.

Mit unserem Campervan wollen wir weiter nach Çanakkale und haben uns Eceabat als Fährhafen ausgesucht. Das Ticket lösen wir direkt vor Ort und haben für unseren 5 Meter langen Camper inklusive zwei Personen 27,50 Türkische Lira (rund 6 Euro) für eine einfache Fahrt bezahlt. Die Überquerung des Dardanellen-Kanals dauerte etwa 30 Minuten – und schon sind wir in Asien!

Der E87 weiter folgend kommen wir auch an Troja vorbei und parken den Van auf dem Besucherparkplatz. Als wir den Eintrittspreis und gleichzeitig die Menschenmassen im Gelände sehen, reicht uns der Blick von dieser Seite des Zaunes aber schon aus – und wir fahren weiter. Heutiges Ziel ist der Camping Altin bei Burhaniye. Angekommen, parken wir den Camper direkt am Meer und beschließen, hier eine einwöchige Pause zu machen.

Altin Camp & Park Hotel
Altinyol, Kurtdereli Caddesi No. 13, Burhaniye
Tel. +90 266 416 37 37, info@altincamp.com
Geöffnet vom 1. April bis 31. Oktober
39°30'37.8"N 26°56'04.9"E

Nach ein paar Nächten bekommen wir dann deutsche Nachbarn, die seit 35 Jahren auf ihren Türkeireisen auf diesem Platz vorbeikommen. Mit ihnen erkunden wir die Gegend, besuchen den Gemüsemarkt Ören Tarihi Köy Pazarı und gehen am Sonntag zum Kahvalti (Brunch) ins Nil's Garden. Dieses Frühstück werden wir unser Leben lang nicht mehr vergessen – es war der Himmel auf Erden!

Restaurant Nil's Garden
Taylıeli Mahallesi, Burhaniye
Tel. +90 533 513 59 98
Täglich geöffnet – Sonntagsbrunch (Kahvalti genannt) reservieren!
39°28'31.8»N 26°55'52.3»E

Allgemein ist das Essen in der Türkei genau nach unserem Geschmack und wir sitzen – trotz Fastenmonat Ramadan – fast täglich in einem anderen Restaurant und schlemmen wie die Könige. Kebabteller, Pide oder türkische Pizza, alles ist frisch und lecker.

Imbiss Ören Salonu am Markt in Ören Mahallesi
Taylıeli Mahallesi, Burhaniye
39°30'02.6"N 26°56'01.5"E

Restaurant Burhaniye Sofrasi
Mahkeme Mahallesi, Hürriyet Cd. No. 72, Burhaniye
39°30'06.9"N 26°58'38.5"E

Oben: Kurze Fährfahrt von Eceabat nach Çanakkale
Unten: Das trojanische Pferd in Troja – allerdings nur durch den Zaun betrachtet.

Nach etwas mehr als einer Woche können wir uns doch noch losreißen und fahren nach Norden. In Bandirma befahren wir eine weitere Fähre, die uns für rund 70 Euro in 2,5 Stunden über das Marmarameer direkt nach Istanbul bringt. Das Ticket kaufen wir wiederum direkt am Terminal.

Freistehplatz beim Ahirkapi-Park mit 24-Stunden-Parkwärter
Otopark, Sultan Ahmet Mahallesi, Fatih/Istanbul
Parken Tag und Nacht möglich
41°00'05.8"N 28°58'38.8"E

In Istanbul selbst gibt es keinen Campingplatz, aber einen bekannten Freistehplatz. Dort parken wir unseren Camper schon am Mittag und gehen zu Fuß ins Zentrum. Noch immer ist Ramadan, entsprechend ruhig ist es im Zentrum.

Ach, es gibt so viel zu sehen in Istanbul! Die Blaue Moschee, die kleine und große Hagia Sophia, die Zitadelle, der ägyptische Bazar, der Gülhane-Park, die Galata-Brücke mit den Imbissbooten darunter – doch unser absolutes Highlight sind die Delfine im Bosporus, denen wir vom Ufer aus beim Jagen zuschauen können.

Oben: Die Hagia Sophia – eines der Wahrzeichen von Istanbul
Unten: Abendstimmung auf dem Camping Altin

Die Nacht auf dem Freistehplatz gibt es aus zwei Blickwinkeln. Steffi sagt: »Klasse Platz, sehr zentral und geschlafen habe ich super.« Bei Lui hingegen hört es sich so an: »Super zentral, aber nachts nimmt die Polizei Dealer auf diesem Parkplatz auseinander. Ich habe keine Minute geschlafen.« Eine Nacht hat Lui dann auch mehr als gereicht, und wir sind am späten Nachmittag weitergefahren, zurück nach Bulgarien.

Start- und Endpunkt
Von Jupiter bis in die Westkarpaten

Streckenlänge
1484 km

Fahrzeit
ca. 25 Std. 50 Min.

Highlights
Donaudelta
Schlammvulkane
Transsilvanien mit Sibiu oder Brasov
Transfagarasanpass
Eishöhle in den Westkarpaten

Rumänien und Moldawien

VOM DONAUDELTA VIA MOLDAWIEN ZU SCHLAMMVULKANEN, PASSSTRASSEN UND IN EINMALIGE STÄDTE

Eigentlich hatten wir gleich nach der rumänischen Grenze in Vama Veche einen richtig tollen Campingplatz herausgesucht, vor Ort müssen wir aber feststellen, dass dort nur Zelte erlaubt sind. Also fahren wir weiter durch 2 Mai und 23 August nach Jupiter – okay, die Ortsnamen sind schon mal sehr speziell! Der Camping Zodiac ist aber auch eine gute Wahl, alles sauber und in gutem Zustand, mehr brauchen wir ja gar nicht.

Camping Popas Zodiac
Gala Galaction Nr. 49, Jupiter, Mangalia
Tel. +40 743 33 41 94,
popaszodiac@gmail.com
Geöffnet vom 15. April bis 31. Oktober
43°51'33.7"N 28°35'56.1"E

Die Küste entlang des Schwarzen Meeres kann uns irgendwie auch in Rumänien nicht so recht überzeugen. Wir beschließen deshalb, direkt ins Donaudelta zu fahren und uns lieber dort mehr Zeit zu lassen, wo es uns deutlich besser gefällt.

Sibiu von oben gesehen – Steffi hat den Kirchturm erklommen.

Angekommen in Murighiol fällt unsere Wahl auf den Camping Lac Murighiol, wo uns er Besitzer während des Check-in gleich erzählt, dass er auch Bootstouren durch das Donaudelta anbietet. Wir buchen die 3-Stunden-Tour gleich für den nächsten Morgen, es soll noch vor Sonnenaufgang losgehen.

Camping Lac Murighiol
Murighiol str Mahmudiei Nr. 10, Murighiol
Tel. +40 744 17 55 81,
contact@campinglacmurighiol.ro
Geöffnet vom 15. April bis 15. Oktober
45°02'27.7"N 29°09'22.8"E

In dem kleinen 6-Personen-Boot sind nur wir und der Platzbetreiber. Zuerst überqueren wir zwei große Kanäle und dann tauchen wir ein in das Labyrinth des Donaudeltas. Mit dem kleinen Boot kommen wir überall durch, passieren schwimmende Schilfinseln und tuckern immer weiter hinein in das Netz der kleinen Kanäle. Die Tageszeit ist perfekt zur Vogelbeobachtung. Wir sehen Kormorane,

Nachtreiher, Löffler und vieles mehr, aber am speziellsten sind die vielen Rosapelikane, die sich in der Morgensonne aufwärmen. Ja, an diesen Tag werden wir uns definitiv noch sehr lange erinnern.

Eigentlich möchten wir gerne nach Odessa in die Ukraine. Also beschließen wir am nächsten Tag, via Moldawien in die Ukraine einzureisen. Campingplätze können wir keine recherchieren und eigentlich sind wir nicht autark genug, um mehrere Tage frei zu stehen ... Dennoch fahren wir frühmorgens los, sind kurz vor Mittag am Grenzübertritt Rumänien–Moldawien bei Galati und sitzen dort über fünf Stunden bei glühender Hitze fest. Okay, unser Plan hatte eine Schwachstelle ... Die Ukraine können wir für heute knicken, wir brauchen eine Lösung in Moldawien, also fahren wir nach Norden ins Land hinein. Zwei Polizisten winken uns raus, als Lui das Fenster runterlässt, schwappt eine Alkoholfahne von draußen rein. Nein, bitte nicht auch noch betrunkene Polizisten! Da wir keinerlei gemeinsame Sprache sprechen, lassen sie uns rasch weiterfahren. Die Straßen sind extrem schlecht, wir fahren knapp 40 Kilometer pro Stunde bei über 30 Grad. Und da wird uns klar, wir stehen erstmals auf unserer Reise an. Die Stimmung ist weit unter null, die Grenzstrapazen und die betrunkenen Polizisten zerren an unseren Nerven – wir beschließen, noch heute zurück nach Rumänien zu fahren. Gemäß Straßenatlas müsste bei Cahul der nächste Grenzposten kommen. Nach gut einer Stunde haben wir diesen passiert, werden wenig später auch auf rumänischer Seite von der Polizei rausgezogen und buchen schlussendlich einfach das erste Hotel, das wir finden können.

Okay, Moldawien war nur ein kurzer Abstecher, aber es war einer. Die Ukraine hingegen bleibt weiterhin offen. Aber das Land ist groß, wir werden es einfach zu einem anderen Zeitpunkt im Westen bereisen.

Von Reisenden haben wir den Tipp der Schlammvulkane in Berca bekommen. Und heute sind wir wieder voller Tatendrang. Wir verfahren uns ein bisschen in den Mini-Sträßchen hier hinten, finden aber unser Ziel dann doch noch. Am Fuße der Schlammlandschaft ist ein Restaurant mit einer Campingwiese. Von hier aus erkunden wir am nächsten Morgen die Schlammvulkane. Die Sonne geht gerade erst auf, wir sind ganz alleine und um uns herum blubbert es. Unzählige kleine Krater stehen in dieser Mondlandschaft. Es ist richtig toll hier!

Restaurant mit Stellplatz La Hangar
DC108, Aleea Vulcanilor
Tel. +40 744 55 45 53
Geöffnet vom 1. April bis 31. Oktober
45°20'49.1"N 26°42'35.4"E

Oben: Die Innenstadt von Sibiu ist so herrlich bunt – die Häuser sowie die Blumen
Unten: In Moldawien sind die Ziehbrunnen in den Dörfern noch in Betrieb.

Nach den Natursehenswürdigkeiten folgen nun die Städte. Wir fahren nach Siebenbürgen und checken für mehrere Tage auf dem Camping Cheile Râsnoavei in Râşnov ein. In Braşov machen wir eine Free-Walking-Tour und trauen unseren Augen kaum: Wow, ist diese Stadt schön! So bunt und voller Leben, gleichzeitig sehr sauber und viele kleine Geschäfte locken Kunden an. Unglaublich, so etwas hätten wir von Rumänien niemals erwartet! In Râşnov geht es uns ähnlich, dort ist nicht ganz so viel los, dafür ist der Ausblick von der Burgruine hinunter spektakulär.

Camping Cheile Râsnoavei
Strada Cheia, Râşnov
Tel. +40 733 071 200
Geöffnet vom 1. Mai bis 30. September
45°20‘49.1“N 26°42‘35.4“E

In Bran sind wir schnell wieder weg, nicht weil wir Angst vor Dracula hätten, sondern weil sich hier viel zu viele Touristen tummeln und die Preise im Vergleich zu den zwei vorherigen Orten gerne mal doppelt so hoch sind. Das Kloster Mănăstirea Rupestră Şinca Veche ist da schon viel mehr nach unserem Geschmack. Hier wurde vor über 7000 Jahren eine Kirche in den Granitfelsen gehauen, ein Oberlicht durch die Höhlendecke erleuchtet ein Kreuz. Drum herum ist ein Kloster mit einem sehr gepflegten Garten.

Höhlenkirche & Kloster Şinca Veche
Parkplatz 45°45'20.9"N 25°09'54.1"E

Der Fernstraße 73A folgen wir noch bis zum Ende und biegen dann auf die E68 ab, so gelangen wir direkt nach Făgăraş, wo wir das Schloss Cetatea Făgăraşului besichtigen. Eine Ausstellung über mehrere Etagen gibt es anzuschauen, dabei wandeln wir durch den Gefängnisturm und die Gemächer des Adels.

Wasserschloss in Făgăraş
45°50‘42.6“N 24°58‘28.0“E

Wenn man sich auf etwas verlassen kann, dann auf die Niederländer. Auch der niederländisch-geprägte Platz Camping Oude Wilg macht da keine Ausnahme, wunderschön im Grünen gelegen ist er einfach ein Schmuckstück. Hier warten wir auf gutes Wetter, denn wir wollen mal wieder hoch hinaus und hätten gerne etwas Sonne.

Camping de Oude Wilg
Str. Prund 40, Carta
Tel. +40 269 52 13 47,
www.campingdeoudewilg.com
Geöffnet vom 1. März bis 31. Oktober
45°47‘02.1“N 24°34‘01.7“E

Oben: Nachtessen in Braşov – natürlich mit Polenta als Beilage
Unten: Oben 35 Grad und unten in der Eishöhle stehen Türme aus Eis – sagenhaft!

Dieses Mal haben wir Glück, die Sonne kommt schon ein paar Tage später heraus und wir fahren den Transfăgărășan über die Straße 7C von Norden kommend hinauf. Wegen der strengen Winter ist die Passstraße nur von Juli bis Oktober befahrbar. Gut, dass wir uns so viel Zeit zuvor gelassen haben, es ist Anfang Juli, somit können wir die vielen Haarnadelkurven bei guten Bedingungen fahren. Immer wieder nutzen wir die Haltebuchten, um auszusteigen und die Aussicht sowie die Natur zu genießen. Noch ein paar Kurven, dann sind wir auf der Passhöhe mit 2042 Metern über dem Meer angekommen. Hier ist es frisch: Trotzdem machen wir einen Spaziergang entlang des Bâleasees.

Am See steht auch ein Gasthaus, dort wärmen wir uns etwas auf. Weiter vorn an der Straße gibt es zudem einige Marktstände, die regionale Spezialitäten verkaufen. Den Tunnel und ein paar Hundert Meter auf der Südseite fahren wir noch hinab, dann drehen wir um, denn wir wollen nach Sibiu und das liegt im Norden des Passes.

Sibiu oder auf Deutsch Hermannstadt beeindruckte uns schon beim ersten Besuch. Diese bunten Häuser, die üppige Blumenpracht, die freundlichen Menschen – und sowieso ist hier immer etwas los. Wir beschließen deshalb, auf dem Camping Ananas in Cisnădioara mehrere Nächte zu bleiben und Sibiu noch ein bisschen intensiver zu erkunden. Aber nicht nur die Stadt, auch die Umgebung mit beispielsweise dem Freilichtmuseum Astra besuchen wir und spazieren zur Ruine von Cisnădioara. Bevor wir dann Sibiu endgültig verlassen, kaufen wir noch einen Aufkleber für unseren Campervan. Ja, die Stadt hat es uns ganz schön angetan.

Camping Ananas Sibiu
Strada Pinului, Cisnădioara
Tel. +40 741 74 66 89, info@ananas7b.de
Geöffnet vom 15. April bis 20. Oktober
45°42‘25.7“N 24°06‘19.2“E

Weiter geht es nach Alba Iulia, einer der ältesten Siedlungen Rumäniens. Nur aus der Luft kann man ihr speziellstes Merkmal betrachten: Die Mauer um die Altstadt ist sternförmig. Wir erkunden die Altstadt vom Boden aus und schauen uns die vielen historischen Monumente und Kirchen an. Heute übernachten wir auf dem Camping Aurel Vlaicu. Der Platz ist leider etwas schmuddelig, aber für eine Nacht okay.

Camping Aurel Vlaicu
Aurel Vlaicu 335401, Rumänien
Tel. +40 254 245 541,
denniswiskerke@hotmail.com
Geöffnet vom 15. April bis 15. Oktober
45°42‘25.7“N 24°06‘19.2“E

Oben: Selfie mit den Bewohnern im Astra-Freilichtmuseum
Unten: Blick auf die Windungen der Passstraße vom Transfăgărășan

Nächster Halt ist Hunedoara oder zu Deutsch Eisenmarkt. Hier steht im Gegensatz zu Bran ein wirklich imposantes Schloss, das ebenfalls besichtigt werden kann. Weil wir an einem Samstag hier sind, ist natürlich gut was los, trotzdem wollen wir das Schloss auch von innen sehen und gehen über die schmale Brücke zum Hauptportal. Das Gebäude ist riesig, viele verwinkelte Wege führen durch die imposante Burg, die übrigens schon oft als Filmkulisse diente. Zum Beispiel »Martin Luther« oder »Nostradamus« wurden hier gedreht, aber auch Kelly Clarkson hat hier schon ein Single-Video gedreht.

Zum Schluss gönnen wir uns noch einen Baumstriezel, eine Teigspezialität, gebacken über offenen Kohlen, bevor wir in die letzte Region Rumäniens fahren, in die Westkarpaten. Dort werden wir bereits von Erwin erwartet. Er lebt hier und bietet Reisenden einen Platz in seinem großen Garten an. Wer bei Erwin übernachten möchte, muss sich aber unbedingt zuvor anmelden, und deshalb weiß er auch schon Bescheid, dass wir kommen.

Privater Übernachtungsplatz bei Erwin
DN75 1, Arieșeni
Tel. +'10 785 18 57 86, anmelden unter:
www.westkarpaten.ro/anfrage/
Ganzjährig nur auf Anmeldung geöffnet.
46°28'21.0"N 22°45'40.9"E

Erwin gibt uns dann auch unzählige Tipps, was wir in den Westkarpaten alles unternehmen können. Im Naturpark Apuseni machen wir eine Wanderung zur Schlucht Groapa Ruginosa. Nach den ersten paar Metern entdecken wir einen Verkaufsstand am Wegesrand, hier werden frische Pfannkuchen mit Marmelade aus den Beeren der Region verkauft! So ein bisschen Wegzehrung wäre schon etwas, natürlich schlagen wir zu.

Und zum Schluss nochmals ein absolutes Highlight: Wir besuchen die Eishöhle Scărișoara. Oben hat es fast 30 Grad, ein paar Dutzend Treppenstufen weiter unten liegt die Temperatur unter dem Gefrierpunkt. Der komplette Höhlenboden ist mit einer dicken Eisschicht überzogen – absolut natürlichen Ursprungs. Wow, wir sind begeistert, auch wenn wir kein Wort vom Guide verstehen, der unserer Gruppe viel zu erzählen hat.

Das war der letzte Tag in Rumänien. Wehmütig lassen wir ihn bei Erwin am Fluss ausklingen. Er bringt uns noch einen Tannenzapfensirup, und wir lassen die vier Wochen im Land Revue passieren. Was für ein absolut tolles Land und dazu mit genialer Infrastruktur für Camper. Rumänien wird auch in Zukunft immer eines der Top-3-Länder von uns sein und wir empfehlen dieses Land jedem aus ganzem Herzen.

Oben: Auf Vogelbeobachtungstour durchs Donaudelta – ein Nachtreiher
Unten: Der Marktplatz von Brașov – hier haben wir uns so richtig in Rumänien verliebt.

Start- und Endpunkt
Von Debrecen bis Győr

Streckenlänge
561 km

Fahrzeit
ca. 7 Std. 30 Min.

Highlights
Steppe von Hortobágy
Weinregionen mit Tokaj und Eger
Budapest

TOUR 13

UNGARN

Ungarn

STEPPE, BEZAUBERNDE WEINREGIONEN, THERMALBÄDER UND BUDAPEST

Für Ungarn brauchen wir eine E-Vignette. Diese kann online vorab gelöst werden, da wir mit der Einreise aber spontan bleiben wollten, kaufen wir sie erst jetzt kurz vor der Grenze noch in Rumänien. Für einen Monat bezahlen wir nicht ganz 40 Euro. Wichtig bei der E-Vignette ist die Kontrolle des Kennzeichens, des Zulassungslandes sowie der korrekten Kategorie – Wohnmobile sind D2. Bereits ein Zahlendreher kann erheblichen Ärger auslösen. Bei uns passt alles, somit kann die Reise durch Ungarn unbeschwert losgehen.

In Debrecen machen wir den ersten Halt, auf dem Camping Lyra Beach planen wir unsere Route durch Ungarn und hüpfen ab und an in den Pool, abends bevorzugen wir dann das Thermalbecken.

Camping Lyra Beach Debrecen
Debrecen, Szávay Gyula u. 22
Tel. +36 30 477 49 75,
kempingdebrecen@gmail.com,
www.kerekestelepifurdo.hu
Ganzjährig geöffnet
47°30'30.1"N 21°38'16.6"E

Über Ungarn wurde uns vorab gerne mal gesagt, es sei langweilig, vermutlich, weil es so flach ist. Aber flach kann auch spannend sein. Deshalb fahren wir in den Hortobágy-Nationalpark. Dort wollen wir die Pusztza – die Steppe – entdecken. Und weil Steffi ein absolutes Pferdemädchen ist, weiß sie natürlich längst, dass sich diese Erkundung perfekt mit einem Besuch des Gestüts Máta Stud Farm in Mátai Ménes verbinden lässt. Die Kutschfahrt haben wir soeben verpasst. Macht nichts, in zwei Stunden geht noch eine und so lange können wir die Stallungen der Nonius-Pferde besichtigen. Und das machen wir geschlagene 120 Minuten lang. Stuten mit Fohlen, Stuten ohne Fohlen, Hengste und alles – inklusive der Katzen – wird gestreichelt.

Dann beginnt auch unsere Tour in die Puszta. Auf der Kutsche fahren wir raus in die Weite, besichtigen ursprüngliche Stallungen, lassen uns zeigen, dass die Langhornrinder nicht nur hübsch aussehen, sondern am Karren angespannt auch ziehen können und natürlich

Ungarische Steppenrinder in der Puszta von Hortobágy entdecken

sehen wir noch mehr Pferde. Ja, eine ganze Reitershow der traditionellen Reitweise wird aufgeführt.

Kutschfahrt ab Gestüt Máta Stud Farm zum Hortobágy Nature Center
Hortobágy, Máta major 48
Tel. +36 52 58 91 10, www.hortobagy.eu/hu/
Ganzjährig geöffnet
47°35'40.7"N 21°09'13.2"E

Das Pferdemädchen ist im siebten Himmel, bei Lui dauert es noch ein bisschen.

Spätestens aber, als er den Pool und die Thermalwasserbecken auf dem Camping Castrum Thermal entdeckt, ist auch er mit dem heutigen Tag rundum zufrieden. Schon wieder ein Platz mit Thermalbad dazu! Ja, das gefällt uns sogar sehr gut.

Hajdúböszörmény Castrum Thermalkemping
Hajdúböszörmény, Nagy András u. 26
Tel. +36 20 959 19 31, info@bocskaitermal.hu
Geöffnet vom 1. April bis 31. Oktober
47°41'01.7"N 21°29'56.9"E

Es geht weiter in den Norden. Tokaj ist ein kleines Städtchen mit wunderschönen bunten Häusern, sehr gepflegt und über die Landesgrenze hinaus bekannt für seinen

Wein. Bislang kannten wir nur die süße Variante davon, vor Ort lernen wir, dass es aber auch eine herbe Ausführung gibt. Hier lernen wir auch, dass die Süße beim Tokaji Aszú durch einen Anteil edelfauler schrumpeliger Beeren, die einen viel höheren Zuckergehalt haben, zustande kommt. Es ist aber nur eine der verschiedenen Arten, wie der Tokaj zu seiner leicht bernsteinfarbenen Färbung kommt.

Wir probieren uns durch das Sortiment und bringen einige Flaschen mit zurück in den Camper. Der steht heute direkt an der Theiß – dem Fluss – auf dem Camping Mayfly.

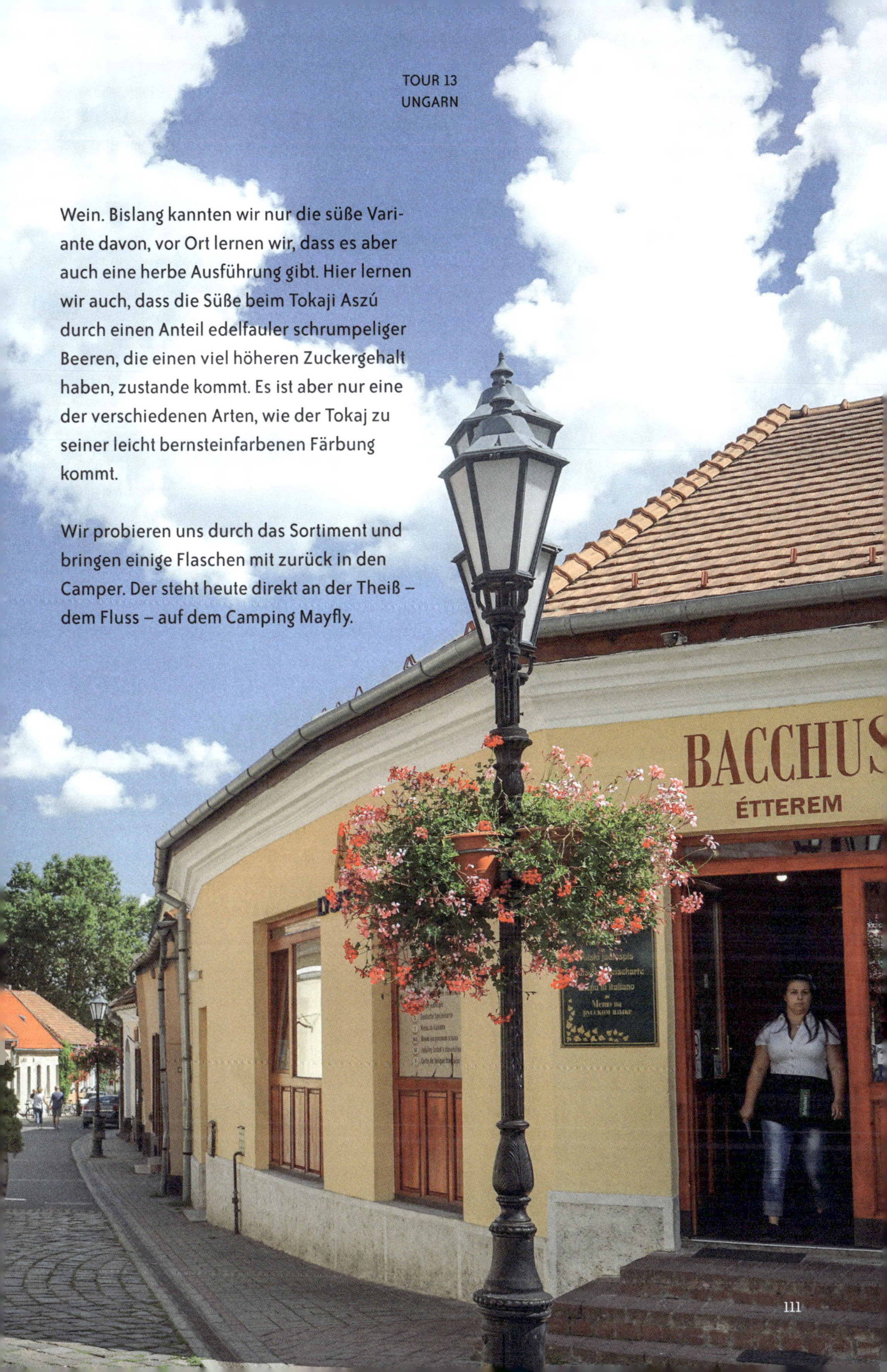

Die Umgebung ist toll, die Sanitärgebäude sind es nicht so. Gleich daneben ist das Restaurant Halra Bor Étterem, wo wir zu noch mehr regionalem Wein auch einen leckeren Zigeunerteller zum Essen bekommen.

Camping Mayfly
Rakamaz, Horgász u. 11/a
Tel. +36 70 934 41 76,
tiszaviragcamping@gmail.com
Geöffnet vom 1. April bis 30. Oktober
48°07'24.7"N 21°25'05.6"E
Restaurant Halra Bor Étterem
48°07'20.7"N 21°25'00.8"E

Auf dem Weg nach Eger kommen wir auch am Bükki-Nationalpark vorbei. In Lillafüred spazieren wir durch den Wald und schauen uns die Hängenden Gärten samt Wasserfall an.
In Eger parken wir den Van auf dem Camping Tulipán und gehen zu Fuß ins Tal der Schönen Frauen, wie die Weinregion im Ort heißt. Es ist ein Park mit öffentlichen Grillstellen, rund herum sind in den Felsen gehauene Weinkeller, die alle Weine zum Degustieren sowie kleine Häppchen dazu anbieten. Wir probieren uns durch die vorwiegend weißen Weine und lassen uns auch sehr kompetent auf Englisch beraten. Übrigens in ganz Eger gibt es über 200 dieser Weinkellerhöhlen, aber nicht alle sind zu Bars umgebaut. Bei einem Gläschen Wein lassen wir den interessanten Tag ausklingen. Wein aus Ungarn, an so was werden wir nun nie mehr zweifeln.

Vorhergehende Doppelseite: Einer der bekanntesten Weinorte in Ungarn – Tokaj
Oben links: Einfaches Mittagessen auf der Máta Stud Farm
oben rechts: Apéro und Wein im Tal der Schönen Frauen – in Eger
Unten: Ruinenkneipe Szimpla Kert im Jüdischen Viertel in Budapest

Tulipán Kemping
Eger, Tulipánkert u. 3
Tel. +36 70 385 11 66,
info@tulipancamping.com
Geöffnet vom 15. März bis 15. Oktober
47°53'38.2"N 20°21'32.2"E

Tal der Schönen Frauen in Eger
Weinkeller in Höhlen als Bars
mit kleinen Häppchen
Eger, Almási Pál u. 38
47°53'25.2"N 20°21'32.2"E

Bevor wir uns der Hauptstadt widmen – da ist es wegen einer Großveranstaltung gerade eh zu voll – fahren wir noch weiter in den Osten. Genauer nach Györ. Es ist heute unglaublich heiß, wir spazieren deshalb erst während der Dämmerung ins Zentrum. Schon auf dem Lakeside Camping Györ waren einige andere Gäste, die auf ihren Termin beim Zahnarzt warten. Im Ort selber sehen wir jetzt mehr Zahnarztpraxen als Cafés! Wir überlegen kurz, ob wir vielleicht auch einen Termin machen sollen, entscheiden uns aber dagegen. Mit Zahnärzten haben wir es nicht so.

Auf Nachfrage erzählt uns die Campingbetreiberin, dass sehr viele Ausländer hier im Ort günstig ihre Zähne machen lassen, das Geschäft floriert und die Preise steigen. Für die Ausländer noch immer kein Problem, aber die Einheimischen würden schon lange nicht mehr hier zum Zahnarzt gehen.

Camping Tópart Győr
Győr, Mákosdűlőutca 7
Tel. +36 96 31 17 45,
topartcamping@freemail.hu
Geöffnet vom 15. April bis 15. Oktober
47°53'38.2"N 20°21'32.2"E

Zum Schluss fahren wir noch in die Hauptstadt. Nicht zu weit weg vom Herzen der Stadt parken wir unseren Van auf dem Camping Arena Budapest und fahren mit der Bahn ins Zentrum. Wir lernen schnell, dass auf dem einen Donauufer Buda liegt und auf dem anderen Pest. Im Verlauf der Geschichte wurden die Städte zusammengelegt und Budapest entstand. Heute gilt die Stadt als eine der am meisten besuchten europäischen Städte. Klar, mit dem Charme von Eger oder Tokaj kann sie nicht mithalten. Aber es gibt sehr viele spannende Ecken, zum Beispiel im Jüdischen Viertel. Speziell ist die Kazinczy Straße, wo wir viele Restaurants und die hier so besonderen Ruinenkneipen finden – also Bars in abbruchreifen Gebäuden. In der wohl berühmtesten davon, der Szimpla Kert nehmen auch wir einen Drink. Gleich daneben ist der Karaván Streetfood-Markt, wo wir noch einen Happen essen. Die Zentrale Markthalle hat leider schon geschlossen, die haben wir leider verpasst, dafür schlendern wir exakt zum Sonnenuntergang der Donaupromenade auf der Pester Seite entlang, hier sitzt auch die bronzene kleine Königstochter. Die vielen Brücken wie auch das Parlament glühen förmlich in der untergehenden Sonne. Ins Burgenviertel im Stadtteil Buda kommen wir erst bei Nacht. Aber die Gebäude sind toll beleuchtet, die Temperaturen sehr angenehm und die Straßen noch immer voll mit Menschen. Zum Schluss unserer Erkundungstour landen wir an der Fischerbastei, von deren Terrassen aus wir nochmals die tolle Aussicht auf Pest genießen.

Camping Arena Budapest
Budapest, Pilisi u. 7/a
Tel. +36 30 296 91 29,
info@budapestcamping.hu
Ganzjährig geöffnet
47°30'14.6"N 19°09'28.2"E

Und so endet unsere Reise durch Ungarn. Wenn wir Ungarn eines nicht fanden, dann langweilig. Es gibt auch abseits vom Plattensee einiges zu sehen. In diesem Land haben uns vor allem die kleinen süßen Örtchen sehr in ihren Bann gezogen.

Oben: Frühstück am Fluss auf dem Camping Mayfly in Tokaj
Unten: Vinothek in der Innenstadt von Tokaj

URSUS

Aranydukát
Vinotéka

Start- und Endpunkt
Vom Triglav-Nationalpark bis in die Region Bela Krajina

Streckenlänge
395 km

Fahrzeit
ca. 7 Std. 25 Min.

Highlights
Triglav-Nationalpark mit seinen Quellen, Flüssen, Wasserfällen und Seen
Ljubljana
Kanutour auf dem Kolpa

TOUR 14

SLOWENIEN

Slowenien

WANDERN UND SCHWIMMEN IM TRIGLAV-NATIONALPARK UND SCHLEMMEN IN LJUBLJANA

Vom Norden reisen wir nach Slowenien ein und fahren auch direkt in den Triglav-Nationalpark. Im Kamp Špik beziehen wir eine Parzelle unter hohen Bäumen und umgeben von den Bergen. Hier in dieser Gegend Sloweniens ist richtig viel los. Wir starten mit einem Besuch bei der Skisprungschanze Planica bei Rateče Planica und sind erstaunt, dass hier mitten im Sommer so viel Betrieb ist. Klar, die Skisprungschanze hat einen speziellen Belag, der die Nutzung auch ganz ohne Schnee ermöglicht. Wir schauen den Jungs und Mädels noch etwas beim Training zu, dann fahren wir auch schon weiter.

Camp Špik
Jezerci 15, Martuljek, Slovenija, Gozd Martuljek
Tel. +386 51 63 44 66, info@camp-spik.si
Ganzjährig geöffnet
46°29'03.8"N 13°50'16.9"E

Ganz in der Nähe ist auch die Quelle der Save. In Serbien haben wir bereits gesehen, wie sich dieser Fluss an seinem Ende mit der Donau vereint, nun suchen wir seinen Ursprung. Wir parken den Camper am Wegesrand und machen zu Fuß eine schöne Tour entlang der Wiesen und später durch den Wald des Naturreservats Zelenci, bis wir bei der Quelle ankommen. Kristallklar und doch mit einer wunderschönen blauen Farbe kommt das Wasser hier aus dem Boden, rundherum Büsche und im Hintergrund das Bergpanorama. Ein wirklich schöner Ort.

Auf dem Rückweg kehren wir in der Gostilna pri Martinu ein, ein Gasthaus mit gutbürgerlicher Küche. Zuerst gibt es leckere traditionelle Hauptspeisen, doch das Dessert schlägt alles: Eine hier typische Kremšnita (Vanille-Cremeschnitte) und ein Orehovi štruklji (süß gefüllte Nudelteigroulade). Es ist so lecker und gleichzeitig so viel zu viel …

Restaurant Gostilna pri Martinu
Borovška cesta 61, Kranjska Gora, Slowenien
Tel. +386 4 582 03 00, www.julijana.info/de
46°29'08.0"N 13°47'16.8"E

Kirche Pusti Gradec in der Region Bela Krajina

Am nächsten Morgen brechen wir früh zu einem Tag voller Highlights auf. Nochmals fahren wir nach Kranjska Gora, biegen nun aber auf die Straße 206 ab, die uns direkt den Vršič-Pass hinaufführt. Eine schöne Strecke mit richtig sehenswerten Zielen am Wegesrand. Erster Stopp ist bei der Russischen Kapelle. Diese hölzerne Gedächtniskapelle soll an die russischen Kriegsgefangenen erinnern, die während des Baus des Vršič-Passes ums Leben gekommen sind.

Je höher wir kommen, desto toller werden die Aussichten. Geschafft, wir sind auf der Passhöhe mit 1611 Metern über dem Meer angekommen. Bei guter Sicht lohnt sich der circa 20-minütige Spaziergang zur Postarski-Dom-Hütte auf 1688 Metern. Die Aussicht auf den Südhang ist fantastisch. Doch heute ist die Fernsicht eingeschränkt, also fahren wir weiter, denn nun geht es die Südseite hinunter.

Nach zahlreichen Haarnadelkurven biegen wir schließlich nach rechts ab, und nur wenige Hundert Meter später parken wir auch schon den Van. Ab hier geht es nur noch zu Fuß mit gutem Schuhwerk weiter. Erst klettern wir über die Steine und Baumstämme den Hang hinauf, später kraxeln wir an der Felswand einen schmalen Pfad entlang und halten uns am Führungsseil gut fest. Zum Schluss klettern wir noch über die Felsen und dann sehen wir sie endlich: Tief unten im Felsen ist die Quelle der Soča, der wohl berühmteste Fluss Sloweniens.

Zurück am Camper fahren wir nun an der Soča entlang weiter, bis wir auf einmal rechts einen Wasserfall in der Ferne erblicken. Wir parken und folgen dem mit weißen Steinen ausgelegten Flussbett mit dem türkisfarbenen Fluss stromaufwärts. Als wir um eine weitere Flusswindung kommen, öffnet sich das Tal vor unseren Augen und wir sehen bis zum Berg dahinter, und genau von diesem stürzt sich die Boka beeindruckend hinunter. Wir sitzen einfach da, gucken hoch und staunen über die nun zufällig entdeckte Naturschönheit.

Weniger zufällig machen wir uns erneut zu Fuß auf durch den Wald zum Kozjak-Wasserfall. Bei unserer Recherche zu Slowenien sind wir auf ein Bild dieses Wasserfalls gestoßen und wussten sofort, da wollen wir hin. Und nun sind wir auf dem Weg zu ihm. Erst geht es durch den Wald, dann entlang einer engen Schlucht zwischen mit Moos bewachsenen Felsen und schlussendlich stehen wir in der Höhle, in der sich über eine weitere Öffnung in der Höhlendecke das Wasser zu uns hinabstürzt. Wir werden nicht enttäuscht, der Kozjak-Wasserfall ist in echt noch schöner als auf den Fotos.

Hundemüde, aber total glücklich fallen wir auf dem Kamp Danica in unserem Campervan

Oben links: Das traditionelle Dessert – Kremšnita – Vanille Cremeschnitte
oben rechts: Mittagessen in der Berghütte
Slap Voje Pavel Kozelj
Unten: Hinten ist der Wasserfall der Boka zu sehen.

Slovenija
BLED
RA-142
NO SITTING

illy
Sokol

ins Bett. Slowenien und speziell der Triglav-Nationalpark sind einfach wunderschön.

Camp Danica
Triglavska cesta 60, Bohinjska Bistrica
Tel. +386 574 60 10, info@camp-danica.si
Ganzjährig geöffnet
46°16'29.0"N 13°56'51.5"E

Genug von Slowenien haben wir aber noch lange nicht. Nun sind wir nahe am Bohinj-See, da wollen wir später zum Schwimmen hin. Nun aber steht eine Wanderung zu einem Wasserfall an. Okay, vielleicht müsste man nicht alle Wasserfälle angucken, aber ich, Steffi, mag die so gerne, also marschieren wir auch zum Savica-Fall. Danach aber gehen wir schwimmen, das war der Deal mit Lui.

Am nächsten Tag kündigt Steffi eine Wanderung zu einer Berghütte an. Damit hat sie Lui sofort überzeugt, und er stapft ohne zu murren mit. Von Stara Fužina aus geht es bald durch die Schlucht der Mostnica. Wir folgen dem kräftig türkis schimmerndem Fluss stromaufwärts. Immer wieder zwängen sich die Wassermassen durch enge Schluchten, entlang großer Felsen und über natürliche Pools hinweg. Ein besonderer Punkt ist der Elefant im Fluss, wo sogar unter dem Rüssel hindurchgetaucht werden kann. Zuerst aber wollen wir zum Gasthaus Slap Voje Pavel Kozelj hoch, das quasi am Ende des Weges steht. Hier kehren wir ein, essen etwas, trinken ein Bier und erst jetzt, während wir etwas Kühles trinken, verrät Steffi, dass sie noch ein paar Hundert Meter weiter oben den Wasserfall der Mostnica anschauen möchte. Taktik ist nicht nur im Sport wichtig. Auf dem Rückweg taucht Steffi dann noch zufrieden, doch leicht schlotternd unter dem Elefantenrüssel durch – und zurück gönnen wir uns nochmals ein Bad im deutlich wärmeren Bohinj-See.

Restaurant Slap Voje Pavel Kozelj
Stara Fužina 121, Bohinjsko jezero
Tel. +386 41 71 09 51,
www.slapvoje-pavel-kozelj.business.site/
46°19'45.8"N 13°52'40.7"E

Bled handeln wir schnell ab. Klar, die Insel im See ist hübsch und die Fahrt einmal um den See ist schön, aber hier ist auch der Touristen-Hotspot. Die Hauptstadt Ljubljana wollen wir aber keinesfalls auslassen. Die kleine süße Stadt an der Ljubljanica – richtig, mal wieder ein Fluss – strotzt vor Leben. Viele kleine Cafés laden zum Verweilen ein, der Central Market empfängt Kunden täglich, in der Altstadt gibt es viele schöne Gebäude, und auf dem Hügel dahinter thront das Laibacher Schloss. Ach, uns gefällt diese Stadt einfach.

Oben: Blick auf den See von Bled
Unten: Die Altstadt von Ljubljana

Ljubljana Resort Hotel & Camp
Dunajska cesta 270, Ljubljana
Tel. +386 70 253 845, resort@gpl.si
Ganzjährig geöffnet
46°05'51.7"N 14°31'05.8"E

Zum Ende unserer Slowenienreise fahren wir noch in eine ganz andere Ecke, nach Bela krajina in den Südosten des Landes. Wir übernachteten im Big Berry Resort, aber die nehmen keine Camper mehr auf. Alternative kann Kanu Kamp am Kolpa sein, dort können auch Campervans und Wohnmobile stehen.

Kanu Kamp Radenci ob Kolpi
Srednji Radenci 2, Stari trg ob Kolpi
Tel. +386 51 205 159,
turizem.kolpa@gmail.com
Geöffnet vom 6. Mai bis 6. Oktober
45°27'58.0"N 15°05'32.9"E

Von dort haben wir eine Kanutour auf dem Kolpa gemacht und sahen deshalb den Platz. An einem anderen Tag wandern wir im Lahinja-Regionalpark, suchen die sieben Quellen und kommen am Pusti Gradec vorbei, einer kleinen Kirche auf einem Hügel, umschlungen von einer Flusswindung. Eine weitere schöne Quelle finden wir in Semič, denn hier entspringt die Krupa.

Und natürlich haben wir auch wieder in Restaurants gegessen. Am leckersten war es Gostilna Muller in črnomelj, wo wir gemütlich auf der Terrasse sitzen konnten.

Restaurant Gostilna Muller
Ločka cesta 6, Črnomelj
Tel. +386 7 356 72 00, www.gostilna-muller.si
45°34'02.1"N 15°11'37.3"E

Slowenien ist wirklich das perfekte Reiseland. Nicht zu weit weg, geniale Natur mit vielen Möglichkeiten für Aktivitäten und Sehenswürdigkeiten und dazu mit einer perfekten Infrastruktur für Camper.

Oben: Souvenir-Geschäft in Bela Krajina, wo wir Pogača-Brot gebacken haben.
Unten: Kanutour auf dem Fluss Kolpa

Belokranjsko izročilo
RAZSTAVE
-stare vezenine
-rokodelski izdelki

Start- und Endpunkt
Von Cerovo ins Slowakische Paradies

Streckenlänge
506 km

Fahrzeit
ca. 7 Std. 30 Min.

Highlights
Bauernhof-Campingplätze
Gratwanderung am Chopok
Mittelpunkt Europas
Wanderungen im Slowakischen Paradies

TOUR 15

SLOWAKEI

Slowakei

HÜBSCHE ORTE, HOLZKIRCHEN UND COOLE TOUREN DURCH DIE BERGE

Mit der Einreise in die Slowakei beschließen wir auch, uns einen gemütlichen Platz zu suchen und mal wieder ein paar Tage Pause zu machen. Dass wir dafür ausgerechnet auf dem Camping Lazy – einem der tollsten Campingplätze unserer gesamten Reise – gestrandet sind, war purer Zufall. Täglich versorgen wir uns mit den Produkten vom Hof, suchen totes Holz im Wald für unser Lagerfeuer – denn jeder Platz hat eine eigene Feuerstelle – und schauen den Hoftieren zu. Ab und an gehen wir wandern, machen z. B. eine GPS-Wanderung mit Geräten und Wegbeschreibung vom Camping. Erst nach zwei Wochen packen wir unseren Kram zusammen und sind bereit für das 19. Reiseland.

Farm & Camping Lazy
Cerovo 163, Cerovo
Tel. +421 908 59 08 37, info@minicamping.eu
Geöffnet vom 1. Mai bis 30. September
48°15'06.6"N 19°13'00.4"E

Hübscher Ort in der Slowakei: Banská Štiavnica

Als Erstes wollen wir uns Banská Štiavnica anschauen. Unseren Campervan parken wir unterhalb des Schlosses und gehen ab da zu Fuß. Danach schauen wir von der Andreja-Sládkovica-Straße aus über die Dächer der Stadt. So viele unterschiedliche Dächer, jedes ein kleines Unikat! Wir folgen der Straße auf den Námestie sv. Trojice – den Dreifaltigkeitsplatz – und entdecken nebst der Pestsäule die Touristeninformation. Eigentlich wollten wir nur einen Stadtplan haben, nun stehen wir schon im Stollen eines Bergwerkes. Im selben Hinterhof wie die Touristeninformation befindet sich das Berggericht. Für nur gerade 50 Cent kann der Stollen besichtigt werden – Taschenlampen gibt es kostenlos bei der Touristeninformation. Der Stollen zeigt die Geschichte und Entwicklung des Bergbaus vom Holzstollen bis zur modernen mit Beton verkleideten Höhle.

Das nächste Ziel liegt nur wenig abseits der Straße 69. Im Ortszentrum etwas abseits der Straße steht die Holzkirche von Hronsek und wurde, wie viele weitere Holzkirchen in der Slowakei, unter sehr strengen Regeln erbaut. Zum Beispiel muss alles an ihr inklusive der Tragkonstruktion aus Holz sein und sie musste innerhalb eines Jahres fertiggestellt werden. Alle diese Kirchen stehen auf der UNESCO-Welterbeliste. Der Bau ist beeindruckend, über 1100 Personen sollen im Inneren Platz finden, aber leider sind die Türen verschlossen.

Holzkirche von Hronsek
Augusta Horislava Krčméryho, Hronsek
48°38'57.1"N 19°09'18.5"E

Schon als wir davon gehört haben, waren wir total aus dem Häuschen und jetzt fahren wir tatsächlich hin, zum Mittelpunkt Europas. Bis Zvolen müssen wir zurück, um dann über die E58 auf die 65 zu kommen. In Kremnické Bane biegen wir rechts auf die 2504 ab und folgen ihr aus dem Ort hinaus. Etwas auf dem Hügel kommt links eine Kirche und dort liegt der Mittelpunkt Europas! Was für ein spezieller Ort für uns, wollen wir doch alle 47 Länder Europas bereisen. Steffi, die alte Zweiflerin, ist mit der Lage allerdings nicht ganz einverstanden und inspiziert derweil die aufgehängte Karte ganz genau. Und die Zweifel sind berechtigt, mehr dazu im Kapitel Litauen oder Ukraine, denn in beiden Ländern besuchen wir später ebenfalls Mittelpunkte vom geografischen Europa. Aber egal, es war ein spannender und spezieller Moment.

Mittelpunkt Europas in der Slowakei
Kremnické Bane
48°44'36.8"N 18°54'49.6"E

Am Ende des Tages haben wir den Nationalpark Niedere Tatra einmal von Süd nach Nord komplett durchfahren und stehen über Nacht auf dem Camping Bystrina.

Camping Bystrina
Demänovská Dolina
Tel. +421 903 53 39 71,
bystrinaresort@bystrinaresort.sk
Geöffnet vom 1. Mai bis 31. Oktober
49°02'01.5"N 19°34'36.4"E

Restaurant Koliba Bystrina
Gleich beim Eingang des Camping Bystrina

Doch schon am nächsten Tag sind wir wieder in der Niederen Tatra. Zwar hält uns das schlechte Wetter noch einen weiteren Tag im Flachland, doch dann geht es hoch hinaus. An der Talstation Biela Pút in Demänovská Dolina parken wir den Camper und ziehen die Wanderschuhe an. Erst geht es rund 900 Höhenmeter hinauf über Schwarze Skipisten und quer durch den Wald, dann sind wir auf dem Chopok mit 2024 Höhenmetern. Obwohl die Fernsicht eingeschränkt ist, können wir uns trotzdem fast nicht sattsehen am Panorama. Doch der eigentliche Weg kommt erst

Oben: Holzkirche von Hronsek
Unten: Mitten im Grünen auf dem Camping Lazy inkl. eigener Feuerstelle

OPEL
CH

MIKULÁŠSKA CHATA (1113 m)
POLUDNICA (1540 m)
IĽANOVO (BUS, 665 m)
2010
KST
0:45 h
6:25 h
8:05 h
2709/22,0a
KST
LUKOVÁ (LANOVKA, 1678 m)
CHOPOK (LANOVKA, 2024 m)
2010
0:40 h
1:40 h
2709/22,0b

jetzt, wir gehen dem Grat entlang. Unterwegs bekommen wir teilweise 360-Grad-Ausblicke; trotz des eisigen Windes ist es unglaublich schön hier oben. Erst am Sedlo Pol'any gehen wir zurück ins Tal. Knapp neun Stunden waren wir insgesamt unterwegs, entsprechend kaputt sind wir. Es gäbe auch eine Seilbahn hoch, aber das Gefühl, selber da hochgelaufen zu sein, ist doch durch nichts zu ersetzen.

Zurück auf dem Camping Bystrina schaffen wir es noch knapp unter die Dusche und zum Abendessen ins angrenzende Restaurant, wo wir die slowakischen Spezialitäten Domáce halušky (hausgemachte Spätzle mit verschiedenen Saucen) sowie Bryndzové pirohy (gefüllte Teigtaschen) probieren, dann fallen uns auch schon die Augen zu – und wir träumen von unserem heutigen Abenteuer.

Camping Sedliacky Dvor
Hliník 7, 97701 Brezno-Rohozná
Tel. +421 911078303
info@sedliackydvor.com
Geöffnet vom 15. April bis 31. Oktober
48°47'42.7"N 19°43'43.5"E

Der Camping Lazy gehört einem Dreier-Verbund von holländischen Campingplätzen in der Slowakei an. Auch der zweite liegt mehr oder weniger an unserer Route, und so fahren wir ebenso zum Camping Guesthouse Sedliacky Dvor in Brezno. Auch hier erwartet uns ein traumhaft schöner Campingplatz. Klein und verwinkelt liegen die Stellplätze zwischen den Bäumen und Blumen, eine offene Halle lädt zum gemeinsamen Kochen und Verweilen ein, während Hühner und Katzen über das Gelände spazieren – Idylle pur.

Oben: Wanderung auf den Chopok in der Niederen Tatra
Unten: Gratwanderung vom Chopok zum Sedlo Pol'any
Folgende Doppelseite: Düstere Stimmung über Spišský hrad – der Zipser Burg

Doch ein Highlight steht noch an, Slowakisches Paradies nennt sich dieser Nationalpark bescheiden, und wer schon beim Namen so dick aufträgt, muss ja was zu zeigen haben. Auf dem Camping Podlesok parken wir unseren Van. Es lohnt sich übrigens sehr, sich eine Wanderkarte von dieser Region zu beschaffen. Viele Wege sind nur in eine Richtung begehbar, weil Kreuzen nicht möglich ist. Zudem sind die Distanzen eingetragen. Wir beginnen mit der Suchá-Belá-Wanderung, die gleich neben dem Campingplatz startet. Der erste Teil des Weges geht durch das seichte Flussbett, später beginnen die Stege und Leitern – der Weg ist richtig cool. Dann kommt nach einer hohen Leiter eine enge Passage, wo wir uns zwischen den Felsen auf überschwemmten Metallgittern durchquetschen müssen. Das ist nichts für schwache Nerven, wir aber lieben es! Nach mehreren Stunden kommen wir ans Ende der Schlucht. Der Rückweg ist dann über eine ganz normale Waldstraße.

Am nächsten Tag gehen wir erneut los. Heute folgen wir erst dem Prielom Hornádu, später biegen wir ab: Es geht wieder hoch und wir klettern bis zu den Kláštorisko. Die Ruinen des Kartäuserkloster schauen wir uns jedoch nicht an, sondern gehen direkt im Gasthaus auf der Lichtung etwas essen, bevor wir uns auf den Rückweg zum Camping machen.

Camping Podlesok
Podlesok, Hrabušice
Tel. +421 53 429 91 65, recepcia@podlesok.sk
Seit 2018 ganzjährig geöffnet
48°57'51.8"N 20°23'06.8"E

Ja, der Nationalpark Slowakisches Paradies hält, was der Name verspricht. Und wir haben erst an der Oberfläche gekratzt. Es können sogar Mehrtagestouren inklusive Hüttenübernachtungen gemacht werden.

Am letzten ganzen Tag in der Slowakei erkunden wir noch Levoča, ein kleines, feines Städtchen, und natürlich darf die Spišský hrad – die Zipser Burg – nicht fehlen. Also fahren wir die paar Kilometer auch noch. Unterwegs ent-

deckt Steffi eine Mineralwasserquelle, die alle paar Minuten mittels einer kleinen Fontäne ihr Wasser aus dem Boden schießt.

Die Zipser Burg selbst gucken wir uns nur von außen an, schon so ist sie absolut beeindruckend. Die letzte Nacht verbringen wir in der Hohen Tatra auf dem Rijo Camping Stara Lesna, wo wir nochmals das herrliche Panorama in vollen Zügen genießen.

Rijo Camping Stara Lesna
Vysoké Tatry
Tel. +421 52 446 74 93,
rijocamping@rijocamping.eu
Geöffnet vom 1. Mai bis 15. September
49°08'57.9"N 20°16'52.4"E

Die Slowakei hat uns total überrascht, nicht nur die großartige Bergwelt inklusive dem Slowakischen Paradies, auch die süßen kleinen Orte und natürlich die tollsten Campingplätze Europas. Alles zusammen gibt eine perfekte Mischung für aktiven Urlaub.

Start- und Endpunkt
Von Horní Bečva bis Znaim

Streckenlänge
293 km

Fahrzeit
ca. 3 Std. 50 Min.

Highlights
Brno mit seinen Legenden
Burg Hrad Veverí

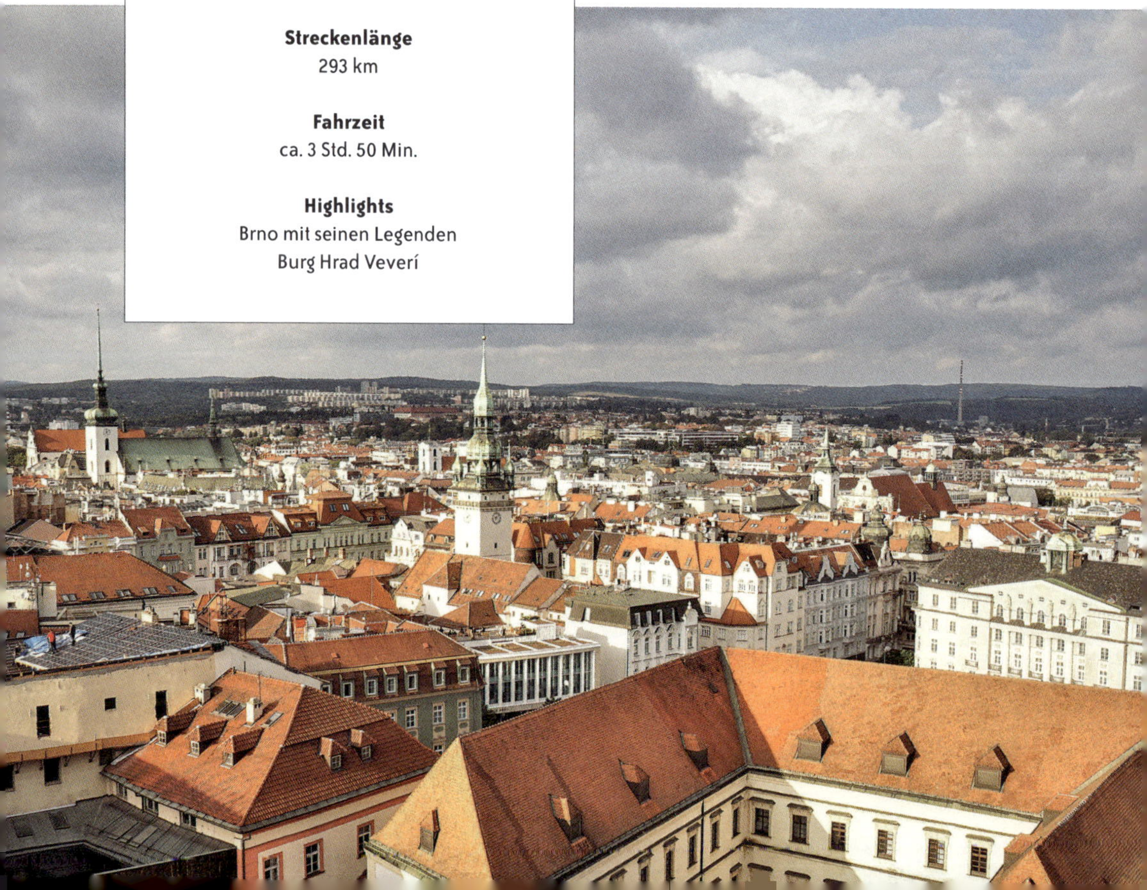

TOUR 16

TSCHECHIEN

Tschechien

EINMAL NICHT IN DIE HAUPTSTADT, SONDERN BRÜNN SAMT REGION

Vom Osten kommend reisen wir nach Tschechien ein. Dieses Mal ist nicht Prag das Ziel, obwohl wir dort auch schon waren und uns die Stadt sehr gut gefallen hat, sondern Brno. Brünn, wie die Stadt auf Deutsch heißt, ist die zweitgrößte Stadt in Tschechien und Sitz vieler wichtiger Behörden.

Tschechien ist ja auch bekannt für seine Burgen und Schlösser, zu ihnen gesellen sich unzählige Legenden und Sagen. Davon gibt es gleich mehrere in Brno. So hängt beim alten Rathaus ein Krokodil, das als Symbol für den bösen Drachen gilt, der einst hier lebte. Erst ein gewiefter Ritter konnte ihm das Handwerk legen, indem er eine tote Kuh mit Betonpulver gefüllt als Köder auslegte. Der Drache fraß gierig, als er danach Wasser trank, sprengte es den Drachen von innen. Steffi ist ja absoluter Fan dieser Legenden, und so kennt sie mindestens ein Dutzend davon nach einem einzigen Tag in Brno. Wir suchen auch das Gesicht des eingemauerten Ratsherrn, das schiefe Türmchen und das Brünner Rad. Allesamt sind Kuriositäten des alten Rathauses und irgendwo am Gebäude oder dem dazugehörenden Rathausturm zu entdecken.

Auf dem Kohlmarkt, dem Hauptplatz der Altstadt, findet gerade ein Markt statt. Von dort haben wir einen guten Blick auf das Mährische Landesmuseum und die dahinterliegende Kathedrale St. Peter und Paul. Dort gehen wir nun hin und erklimmen im Inneren die gut 130 Stufen zum Aussichtsturm hinauf. Zwei Terrassen auf den entgegengesetzten Seiten des Turmes sind zugänglich, und wir können fast ganz Brünn von oben betrachten. Etwas außerhalb der Stadt finden wir den Camping Hana. Die sanitären Anlagen sind nicht der Knaller, aber für eine Nacht geht es.

Camping Hana
Dlouhá 135, Veverská Bítýška
Tel. +420 733 65 74 80,
camping.hana@seznam.cz
Geöffnet vom 1. Mai bis 1. Oktober
49°16‘32.2“N 16°27‘10.7“E

Faszinierender Ausblick über Brünn (Brno) von der Kathedrale St. Peter und Paul aus

Heute fahren wir zur Burg Hrad Veveří, rund 12 Kilometer von Brno entfernt. Auch um diese Burg kursiert eine Sage, die von einem sich im Walde verirrten Fürsten handelt, der in ein heftiges Gewitter kam. Er fürchtete um sein Leben und betete um Gnade. Er würde eine Kapelle sowie eine Burg hier erbauen, wenn er bloß gesund davonkäme. Daraufhin fand er die Hütte eines Köhlers, der ihm Obhut gewährte. Und wir sehen heute noch, dass der Fürst sein Versprechen eingehalten hat, denn die Burg Hrad Veveří steht direkt vor uns.

Die Burg kann besichtigt werden, wir kaufen uns also Tickets und durchschreiten mit dem Torbogen die Festungsmauer. Im Inneren ist ein großer Innenhof mit verschiedenen Gebäuden, darunter auch ein Restaurant. Hungrig sind wir aber gerade nicht, also erklimmen wir die Burgmauer und gehen ein Stück auf ihr. Langsam zeigen sich die ersten Vorboten des Herbstes. Und mit diesen bekommt Steffi Kopfschmerzen, die hat sie nur in einem einzigen Fall: Eine Grippe ist im Anmarsch! Lui möchte unbedingt noch zum Automotodrom von Brno. Also übernimmt er das Steuer und bringt uns zur Rennstrecke.

Burg Hrad Veveří
Veverská Bítýška-Bisterz
49°15'23.4"N 16°27'37.6"E

Automotodrom Brno
Masarykův okruh 201, Ostrovačice
49°12'13.2"N 16°26'42.9"E

Aktuell trainieren gerade Motorradfahrer, das ist auch kein Zufall, denn die Rennstrecke von Brno wird vorwiegend im Motorrad-Rennsport benutzt. Zum Beispiel wird hier jedes Jahr der Tschechien Grand Prix ausgetragen.

Nun sind aber die Kräfte von Steffi am Ende. Wir suchen uns einen Campingplatz in der Nähe von Znaim zum Pausieren und tags darauf trifft es auch Lui. Aus den noch verbleibenden Tagen in Tschechien werden Erholungstage auf diesem sehr gepflegten Platz.

Camping Country
Hluboké Mašůvky 257, Hluboké Mašůvky
Tel. +420 515 25 52 49,
camping-country@cbox.cz
Geöffnet vom 1. Mai bis 31. Oktober
48°55'14.1"N 16°01'30.8"E

Natürlich haben wir genau in dem Moment Termine, die näher kommen. Somit bleibt uns nicht mehr Zeit, Tschechien ausgiebiger zu erkunden. Aber eines können wir mit Sicherheit sagen: Es muss nicht immer Prag sein, auch wenn die Hauptstadt ebenfalls sehr schön ist.

Oben: Motorrad-Rennen im Autodromo Brno (Brünn)
Unten: Unterwegs in der Burganlage von Hrad Veveří

AUTOMOTODROM BRNO

Start- und Endpunkt
Von Melk bis Spielberg

Streckenlänge
446 km

Fahrzeit
ca. 6 Std. 10 Min.

Highlights
Weg der Donau entlang mit Krems
Stift Melk
Badeseen
Graz
Winterleiten im Zirbenland

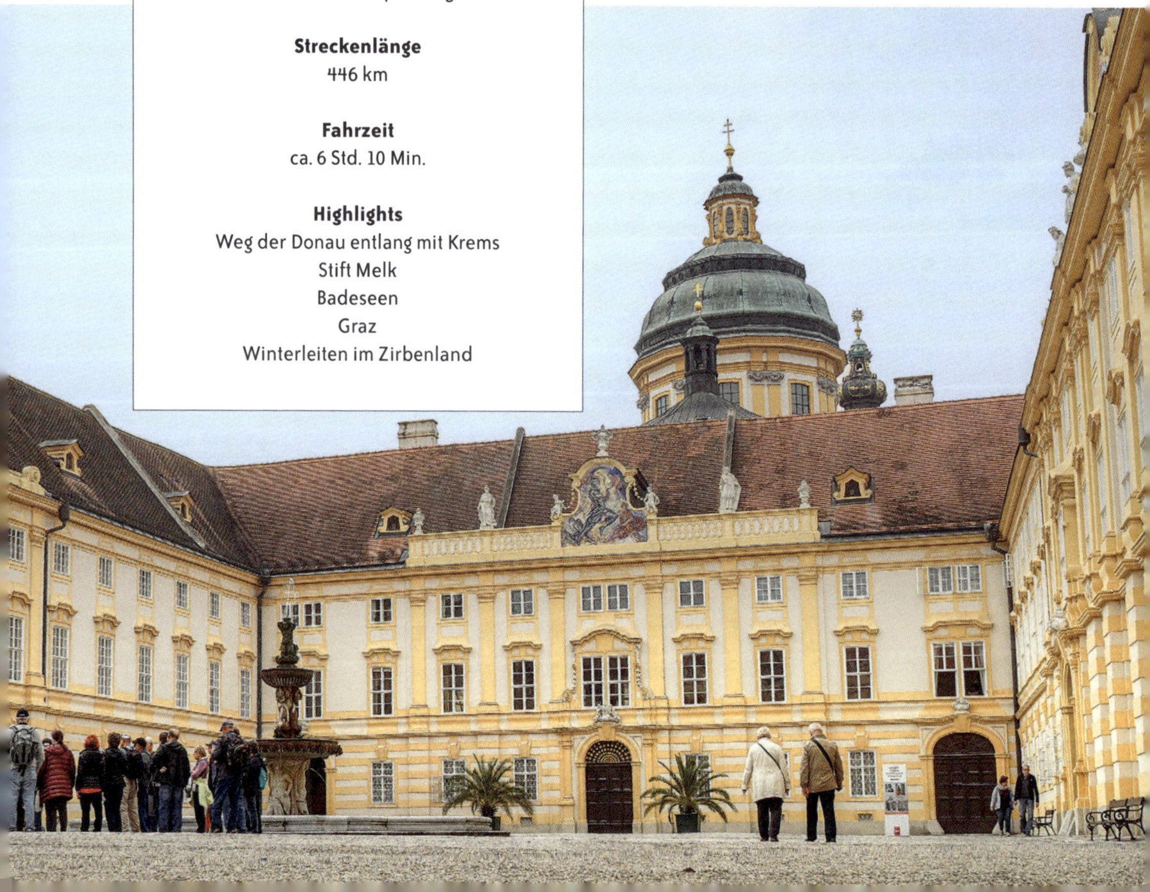

TOUR 17

ÖSTERREICH

Österreich

ENTLANG DER DONAU MIT KREMS UND MELK

Von Tschechien kommend reisen wir nach Österreich ein. Krems an der Donau wollen wir uns anschauen und können hier nicht einfach einen Parkschein lösen, sondern müssen uns an einem Trafik (Kiosk) entsprechend der gewünschten Parkzeit mehrere Papierzettel kaufen und von Hand das Datum samt Ankunftszeit eintragen. Gut hat uns das ein vorbeigehender Herr erst mal erklärt.

Durch das Stadttor kommen wir in die schöne Altstadt von Krems, schlendern durch die Gassen mit den bunten und mit Blumen geschmückten Häusern, bis wir im Dom der Wachau ankommen. Den schauen wir uns auch von innen an. Gemütlich schlendern wir zurück zum Camper und fahren dann weiter der Donau flussaufwärts entlang, wechseln aber noch die Uferseite, denn für die nächste Etappe soll es dort schöner sein. Unterwegs kommen wir am Camping Rossatzbach vorbei und verbringen dort den restlichen Tag beim Schiffegucken direkt an der Donau.

Oben: Uhrturm als Wahrzeichen von Graz
Mitte: Steffi & Lui in Graz
unten: Im Innenhof des Benediktinerklosters Stift Melk

Camping Rossatzbach
Rossatzbach 21, Rossatzbach
Tel. +43 676 848 81 48 00,
www.wachaucamping-rossatz.at
Geöffnet vom 1. März bis 31. Oktober
48°23'28.2"N 15°30'59.2"E

Hoch über der Donau liegt die Burgruine Aggstein. Die schauen wir uns heute an, auch wenn das Wetter so richtig typisch herbstlich ist. Die Anlage selbst ist schon ein echter Hingucker, doch die Aussicht übertrifft alles. Immer wieder sehen wir auf die Donau hinunter. Und wem die Nibelungensage etwas sagt, dazu gibt es im Untergeschoss eine umfassende Ausstellung.

Zurück an der Donau folgt schon bald der Ort Melk und mit ihm auch das Stift Melk. Das Benediktinerkloster ist wohl den meisten ein Begriff. Wir parken direkt davor auf dem großen Parkplatz und erkunden die Klosteranlage zu Fuß. Wer ein Ticket löst, kann auch die Gebäude und die Gärten anschauen, aber auch ohne ein Ticket können wir sehr viel der beeindruckenden Anlage sehen.

Ein paar richtig warme Tage folgen, deshalb besuchen wir erst noch ein paar Badeseen, bevor wir uns dann Graz widmen. Wir kommen am Badestausee Rechnitz vorbei, ein angenehm kühler See mit Liegewiese drum herum. Später checken wir auf dem Camping Steinmann in Stubenberg am See ein, wo wir natürlich ebenfalls noch im See landen.

Camping & Gasthof Steinmann
Buchberg 85, Stubenberg am See
Tel. +43 3176 83 90,
office@stubenberg-camping.at
Ganzjährig geöffnet
47°13‘58.1“N 15°48‘19.1“E

Nun aber genug gefaulenzt, heute steht Graz auf dem Programm, wo wir zum Glück noch am Straßenrand einen Parkplatz finden. Zum ersten Mal nach über neun Monaten unterwegs sind wir in einer Stadt, die fast nur Parkhäuser hat. Aber genug davon, wir spazieren los ins Stadtzentrum, holen uns noch einen Stadtplan bei der Touristeninformation und erhalten dazu ein paar Tipps. Am Hauptplatz, dem Herzen von Graz, startet unsere Stadtführung nach Infobroschüre. Die Fassade des Gebäudes an der Ecke Sporgasse–Hauptplatz inspizieren wir sehr genau und ja, auch wir entdecken die Nasen und Münder im Stuck.

In der Hofbäckerei Edegger-Tax in der Hofgasse, die übrigens von der UNESCO zum Weltkulturerbe erklärt wurde, probieren wir die sehr süße Versuchung der Sisi-Busserl. Auch an der Doppelwendeltreppe kommen wir vorbei, eine sehr witzige Steinmetzkunst aus der Vergangenheit. Im liebevoll Bermudadreieck genannten Viertel gibt es besonders viele Bars und Restaurants, weshalb hier rund um den Färberplatz manch einer stundenlang verschollen bleibt. Auch uns passiert es und wir landen glücklich im Biergarten des Glöckl Bräu zum Mittagessen.

Restaurant Glöckl Bräu
Glockenspielplatz 2-3, Graz
Tel. +43 316 81 47 81, www.gloecklbraeu.at
Täglich geöffnet von 9–23:30 Uhr
47°04‘16.7“N 15°26‘28.1“E

Den Verdauungsspaziergang machen wir der Mur entlang, dem Grazer Stadtfluss, und kommen dabei auch an der Murinsel vorbei. Von dort ist es nicht mehr weit zum Wahrzeichen von Graz, dem Uhrturm. Standseilbahn, Treppe, Lift – viele Wege führen auf den Schlossberg hinauf. Von dort oben haben wir einen richtig tollen Ausblick über die 435 000-Einwohner-Stadt. Danach sehen wir ihn, den berühmten Uhrturm, dessen Uhr seit 1712 die Zeit angibt. Zu Fuß gehen wir auf der

Oben: Hoch über der Donau: die Burgruine Aggstein
Unten: Bergsee von Winterleiten im Zirbenland

Bergrückseite hinunter, zurück in die Altstadt und auch zurück zu unserem Camper.

Da wir morgen Spielberg samt Rennstrecke angucken wollen, haben wir uns für den Camping Murinsel entschieden. Was für eine gute Entscheidung! Die Stellplätze liegen rund um einen großen Schwimmteich, die Infrastruktur und der Service sind einfach nur spitze und für Hunde gibt es sogar einen zweiten kleineren Teich.

Camping Murinsel
Teichweg 1, Großlobming
Tel. +43 664 304 50 45,
office@camping-murinsel.at
Geöffnet eine Woche vor Ostern
bis 31. Oktober
47°11'43.1"N 14°48'09.4"E

Der Red-Bull-Ring ruft und natürlich kann sich Lui dem Lockruf nicht widersetzen. Die Rennstrecke punktet aber sogar bei Steffi, weil wir nicht einfach nur am Zaun stehen können, sondern selbst bei den aktuellen Trainingsfahrten ins Fahrerlager und richtig nah an die Strecke herankönnen.

In dieser Gegend sind wir aber vor allem wegen einer Reisebekanntschaft vom Schwarzen Meer. Das dort mehrmals getroffene Ehepaar zeigt uns heute in Begleitung seines Sohnes seine Heimat. In der wunderschönen Altstadt von Judenburg essen wir ein leckeres Eis und fahren dann nach Winterleiten im Zirbenland hinauf, wo wir eine kurze Wanderung um den Bergsee machen. In der Winterleitenhütte werden wir mit einer kalten Spezialitätenplatte, einer Brettljause, verwöhnt und danach spielt uns der Sohn noch einen Marsch auf seiner Steirischen Harmonika – ein Erlebnis der Extraklasse und der krönende Abschluss unserer Österreichtour!

Restaurant Winterleitenhütte
Ossach 45, Ossach
Tel. +43 3578 82 10, www.winterleiten.com
47°05'39.6"N 14°34'16.1"E

Oben: Einer von vielen Badeseen, die wir wegen der Hitze hier besuchten.
Unten: Gasthaus in Krems an der Donau

Start- und Endpunkt
Von den Scheidegger Wasserfällen bis an den Chiemsee

Streckenlänge
355 km

Fahrzeit
ca. 6 Std.

Highlights
Wanderung in die Klammen
Ausblick vom Wendelstein
Schifffahrt über den Chiemsee

TOUR 18

DEUTSCHLAND

Deutschland

DER ALPENSTRASSE ENTLANG DURCH BAYERN BIS ZUM CHIEMSEE

Auf unserer Deutschlandtour widmen wir uns dem Süden: Vom Allgäu bis in die Chiemsee-Alpenlandregion geht die Reise. Unterwegs sind wir mit dem Buch *Landvergnügen* und können so auf tollen landwirtschaftlichen Höfen übernachten. Diese Höfe sind meistens nicht öffentlich, sondern nur den Nutzern von *Landvergnügen* vorbehalten, weshalb wir nur den Übernachtungsort hinschreiben.

Vom Bodensee kommend übernachten wir in Opfenbach idyllisch an einer Kuhweide, bevor wir am ersten richtigen Reisetag die Scheidegger Wasserfälle besichtigen. Eine kleine Gebühr wird fällig, dann können wir uns die über zwei Ebenen fließenden Wasserfälle anschauen. Sie sind ganz hübsch, begeistern uns jetzt aber nicht übermäßig. Die Altstadt von Wangen sagt uns da schon mehr zu. Gebäude wie das Ravensburger Tor oder das Rathaus sind wunderschön, viele der mittelalterlichen Häuser sind mit Wandmalereien verziert. Nach einem leckeren Mittagessen fahren wir bereits den nächsten Übernachtungsplatz an, der auch ein öffentlicher Stellplatz ist. Auf einer ungemähten Wiese stehen wir neben dem Hof mit fantastischem Blick auf die Alpen.

Frühstück auf einem Bauernhof über *Landvergnügen*

Bio-Hof Kohler
Wolfertshofen 1, Heimenkirch
Tel. +49 8381 928 29 44,
Landvergnügen & Park4Night
47°38'22.4"N 9°55'31.2"E

Am nächsten Morgen fahren wir zur Breitachklamm und erfahren erst am Parkplatz, dass die Klamm aktuell wegen Räumungsarbeiten gesperrt ist. Schade, die Wanderung am Fluss entlang soll wunderschön sein. Mit der Starzachklamm gibt es ja in der Nähe eine Alternative, denken wir zumindest, bis wir dort vom Parkplatz loswandern. Schon bald erreichen wir ein Schild, das uns ebenfalls auf eine Sperrung wegen Unwetter aufmerksam macht. Bis zum Eingang der eigentlichen Klamm können wir aber noch gehen und so wenigsten ein bisschen durch die schöne Landschaft wandern. Übernachtet haben wir auf einem Islandpferdehof und ja, Steffi war stundenlang verschollen.

Das Wetter ist heute nicht so toll, perfekt für einen Stadtbummel durch Kempten und frisch zubereitete Kässpätzle vom Marktstand am Residenzplatz. Später schlendern wir durch Füssen. Eine weitere schöne kleine Stadt mit tollen mittelalterlichen Häusern. Beim Schloss Neuschwanstein fahren wir nur durch. Dass hier viele Leute sind, war uns klar, trotzdem ist es ein wunderschönes Schloss und zumindest von außen wollen wir es mit eigenen Augen sehen.

Wenn schon das Wetter nicht viel Freude bereitet, dann kann Kuchen das auf alle Fälle richten. In Fischbachau ist das historische Café Winklstüberl, das für seine hausgemachten Torten weit herum bekannt ist. Wir können uns kaum entscheiden, das ist ein Paradies für Naschkatzen und die ausgewählten Torten sind dann auch richtig lecker. Nur ein paar Kilometer zurück im Tal liegt der Kaiser Camping in Bad Feilnbach, wo wir gleich für ein paar Nächte bleiben.

Kaiser Camping Outdoor Resort
Reithof 2, Bad Feilnbach
Tel. +49 8066 88 44 00,
info@ kaiser-camping.com
Ganzjährig geöffnet
47°38‘22.4“N 9°55‘31.2“E

Tags darauf wandern wir vom Campingplatz gemütlich zu den Sterntaler Filzen, einer Moorlandschaft, in der früher Torf abgebaut wurde. Schön gestaltete Wander- und Themenwege führen uns durch die Natur, Informationsschilder erklären, was hier früher gemacht wurde.

Nach einer weiteren Nacht auf dem Kaiser Camping ist das Wetter endlich besser und wir fahren mit der Zahnradbahn auf den Wendelstein mit seinen 1838 Höhenmetern hinauf. Oben liegt ordentlich Schnee, weshalb der Weg zum eigentlichen Gipfel und dem Panoramaweg geschlossen ist. Die Sicht über die Berge bis ins Tal ist frei und wunderschön. Auch die Fahrt mit der Zahnradbahn ist ein Erlebnis, die Aussichten sind toll und die Steigung enorm, wir werden richtig in die Sitze gedrückt.

Wieder unten angekommen, fahren wir nach Prien am Chiemsee und lassen den Tag in der Saunalandschaft des Erlebnisbades Prienavera ausklingen. Zur Übernachtung haben wir uns schon vor dem Wellnessbad auf dem Camping Harras einen Platz direkt am See gesichert.

Oben: Stellplatz auf dem Biohof Kohler mit Blick bis zu den Alpen
Unten: Das Ravensburger Tor in Wangen im Allgäu
Folgende Doppelseite: Mit Mieträdern auf der »Königsrunde« um den Chiemsee

comewithus2.com

Kopf

Panorama Camping Harras
Harrasser Str. 135, Prien am Chiemsee
Tel. +49 8051 90 46 13, info@camping-harras.de
Geöffnet vom 12. April bis 31. Oktober
47°50'25.3"N 12°22'24.7"E

Ein weiterer herrlicher Tag lädt uns förmlich zu einer Schifffahrt auf dem Chiemsee ein. In Prien steigen wir ein, lassen uns erst mal über den See schaukeln und steigen auf der Fraueninsel aus. Schöne Häuser mit bezaubernden Gärten erwarten uns auf dem Inselrundgang. Eine geräucherte Renke, die lokale Spezialität, probieren wir beim Gartenrestaurant Gürtler Fischer und befinden den Fisch als sehr lecker.

Zurück auf dem Schiff, fahren wir bis zur Herreninsel. Dort spazieren wir bis zum Neuen Schloss Herrenchiemsee, der riesige Park vor dem prunkvollen Schloss ist schon sehr beeindruckend. Mittels einer Führung können wir auch einige Räume innerhalb des Gebäudes besichtigen und sehen so die Ähnlichkeit zum Schloss Versailles noch viel deutlicher. Den Abend lassen wir auf dem Camping Harras direkt am Chiemsee ausklingen.

Der nächste Tag ist nicht mehr ganz so sonnig, perfekt für eine Fahrradtour. In Bernau am Chiemsee mieten wir beim Fahrradverleih Fritz Müller zwei E-Bikes und machen uns auf zur »Königsrunde« – so nennen sie hier die Tour einmal komplett um den See herum. So nah am Ufer wie möglich fahren wir gegen den Uhrzeigersinn um den See, kommen an schönen grünen Zonen vorbei, radeln aber auch durch kleinere Ortschaften. Der sogenannte Malerwinkel zwischen Seebruck und Gstadt lädt mit traumhaften Panoramen über See und Berge zum Verweilen ein.

Nach rund 56 Kilometern im Sattel geben wir die Räder zurück und fahren mit dem Campervan an die Ecke Übersee, wo auch die Beach Bar liegt. Dort genehmigen wir uns den Abschlussdrink unserer Süddeutschlandtour, und auch hier folgt das Versprechen, in naher Zukunft noch weitere Erkundungen durch ganz Deutschland zu unternehmen. Es muss gar nicht immer so weit weg sein.

Start- und Endpunkt
Von St. Gallen bis auf den Furkapass

Streckenlänge
256 km

Fahrzeit
ca. 5 Std. 10 Min.

Highlights
St. Gallen
Appenzell
Taminaschlucht
Rheinschlucht
Oberalp- und Furkapass

Schweiz und Fürstentum Liechtenstein

ENTLANG DER GRANDTOUR OF SWITZERLAND ÜBER PÄSSE UND SEEN SOWIE DURCH LIECHTENSTEIN

Unsere Tour durch die Schweiz starten wir in St. Gallen. Ganz im Osten liegt die Gallusstadt, deren wunderschöne historische Gebäude die Straßen der Altstadt säumen. Vorbei am Textilmuseum schlendern wir der Multergasse entlang, einer der Haupteinkaufsstraßen der Stadt. In der Spisergasse wird uns dann auch schnell klar, warum St. Gallen »Stadt der Erker« genannt wird. Jeder Gebäudeerker ist einzigartig und sehr schön. Von hinten gelangen wir in den Klosterhof und stehen nun mitten im UNESCO-Weltkulturerbe Stiftsbezirk. Wir schauen uns die Kathedrale an, die besonders von innen sehr schön ist, und auch die Stiftsbibliothek mit dem unglaublich beeindruckenden Barocksaal. So viel Kultur macht ganz schön hungrig, und auch da hat St. Gallen eine spezielle Tradition: die St. Galler Kalbsbratwurst (in der größeren Ausführung auch OLMA-Bratwurst genannt) sowie der St. Galler Stumpen. Diese zwei Spezialitäten gibt es zum Beispiel am Marktplatz bei der Metzgerei Rietmann mittags gleich heiß zum Mitnehmen. Und bitte unbedingt merken: Es ist skandalös, eine St. Galler Wurst mit Senf zu essen. Steffi bleibt diesem Brauchtum stets treu, Lui greift – wenn gerade keiner hinsieht – trotzdem gerne zum Senf.

Oben: Stadtbummel durch die Altstadt von St. Gallen
Unten: Freistehplatz auf dem Furkapass

Nach dem Imbiss fahren wir aus der Stadt hinaus und damit hinein in die sanfte grüne Hügellandschaft. Wir folgen den braunen Schildern der Grandtour of Switzerland, einer rund 1600 Kilometer langen Route zu den schönsten Ecken der Schweiz. Das nächste Ziel ist Appenzell. Schon weit vor dem Ort sehen wir die typischen hölzernen Bauernhäuser. Auf dem Parkplatz an der Zielstraße lassen wir unseren Campervan stehen und gehen zu Fuß weiter ins Zentrum. Die bunt bemalten Holzhäuser ergeben das typische Ortsbild, dazu kommen traditionelle Dinge wie Ledergürtel mit Kühen darauf, der Appenzeller-Kräuterschnaps oder der Appenzeller Käse, den es auch als Fondue gibt.

Weiter der Grandtour of Switzerland folgend führt uns die Straße immer weiter hinauf, bis wir auf der Schwägalp parken und nun am Fuße des Säntis stehen. Von dem 2501 Meter hohen Berg kann nicht nur die Schweiz überblickt, sondern in alle ihre fünf Nachbarländer geschaut werden – wenn die Fernsicht denn passt. Eine Luftseilbahn bringt die Fahrgäste in zehn Minuten auf den höchsten Berg des Alpsteins hinauf. Wir entschließen uns allerdings für eine Wanderung in der Schwägalp.

Gegen Abend suchen wir uns kurz vor Vaduz einen Übernachtungsplatz, wo wir eine ruhige Nacht im Wald verbringen.

Freistehplatz im Wald nähe Rhein
Waldparkplatz in der Nähe von Sargans, nahe am Rhein (Park4Night)
Koordinaten 47°02‘51.0“N 9°28‘28.2“E

Die Schweiz und das Fürstentum Liechtenstein sind zwar zwei verschiedene Länder, trotzdem verbindet sie viel – nicht nur der Schweizer Franken, der auch die offizielle Währung im Fürstentum ist. Vaduz schauen wir uns etwas genauer an, schlendern durch die Gassen, wobei wir etwas über die vielen asiatischen Besucher erstaunt sind. In der Touristeninformation lassen wir uns aus Spaß unsere Pässe stempeln, bevor wir uns das Liechtensteinische Landesmuseum sowie die Schatzkammer des Fürsten anschauen. Zum Schluss wandern wir zum Schloss Vaduz hinauf, der Fürstenresidenz, die zwar nicht besichtigt werden kann, aber für die Aussicht von oben lohnt sich der Weg allemal.

Später fahren wir mit unserem Campervan die Berge Liechtensteins hinauf bis nach Malbun. Dort ist aber wegen der Vorsaison noch alles geschlossen, deshalb machen wir einfach ein Picknick am Gänglesee. Den Nachmittag genießen wir am Ufer, gehen noch etwas spazieren und landen schlussendlich nochmals auf dem gleichen Freistehplatz wie die Nacht zuvor.

Zurück in der Schweiz, steht heute mit der Taminaschlucht auch schon das erste Ziel an. Ab Bad Ragaz spazieren wir durch den Wald bis zum Alten Bad Pfäfers, das heute ein Restaurant ist. Nach der Brücke folgt dann der Eingang per Drehkreuz zur Taminaschlucht. Hierfür benötigen wir pro Person fünf Franken in Münzen, die wir als Eintritt in den Automaten vor der Schlucht werfen. Ein Weg führt an der einen Felswand entlang, unter uns fließt die wilde Tamina und über uns kommen sich die Felswände so nahe, dass wir nur selten bis zum Himmel hinaufsehen. Schließlich sind wir an der Quelle angelangt, deren Thermalwasser noch heute in den Bädern von Bad Ragaz genutzt wird.

In Landquart verlassen wir die Strecke der Grandtour of Switzerland und fahren via Chur nach Bonaduz, wo wir auf eine kleine Straße nach Versam abbiegen. Die Strecke führt

Oben: Picknick am Gänglesee im Fürstentum Liechtenstein
Unten: Die Fürstenresidenz Schloss Vaduz

uns am Vorderrhein entlang, und schon bald erhalten wir von den Aussichtsplattformen Zault und Spitg spektakuläre Ausblicke in die Rheinschlucht. In Versam selbst holen wir uns Informationen beim kleinen Besucherzentrum ab und erfahren so auch vom Rheinschlucht-Bus, der Wanderer nach einer Tour der Schlucht entlang wieder zurück zum Ausgangsort bringt oder direkt als Sightseeing-Bus benutzt werden kann. Wir haben unseren fahrbaren Untersatz ja selber dabei, deshalb fahren wir mit dem Van zum Islabord-Aussichtspunkt. Der Blick in die Schlucht ist toll, unten paddeln gerade ein paar Leute in Raftingbooten auf dem Fluss. So richtig spektakulär ist aber der Blick von noch weiter oben, den wir nur dank Drohne überhaupt zu Gesicht bekommen. Bilderbuchmäßig schlängelt sich der türkisfarbene Fluss um die weißen Kalkfelsen herum. So sieht er also aus, der Grand Canyon der Schweiz.

In Valendas parken wir den Campervan erneut und starten beim großen hölzernen Brunnen mit seiner Nixe zu einer Wanderung. Hier füllen wir die Trinkflaschen mit kaltem Wasser auf, jeder Brunnen in der Schweiz wird mit Trinkwasser betrieben, wenn nicht explizit etwas anderes am Brunnen vermerkt ist. Gleich daneben ist ein kleines kostenloses Museum. Während der Besichtigung fällt uns die Schatzkarte von Alix von Faszinatur auf, mit einer für Kinder gestalteten Schatzjagd. Beziehungsweise soll geklärt werden, warum die Nixe nicht mehr an ihrem Platz auf dem Brunnen ist. Wir folgen dem Weg, decken uns in einem kleinen Hofládeli mit Brot, Salami und etwas Käse ein, dann sind wir startklar für den Spaziergang. Auch ohne Kinder lohnt sich diese Tour, führt sie uns doch erneut hoch über die Rheinschlucht und zum Aussichtspunkt Alix, wo wir unser Picknick einnehmen. Nur etwa eine Stunde waren wir unterwegs, bleibt somit noch genug Zeit für einen ordentlichen Pass.

Dem Vorderrhein folgen wir weiterhin nach Westen und nach Sedrun starten schon bald die ersten Windungen, die uns mit spektakulären Ausblicken über das Tal bis auf 2044 Höhenmeter auf die Passhöhe des Oberalppasses hinaufführen. So kennen und lieben wir die Schweiz, rundherum nur Berge, ein kleiner Bergsee und die Möglichkeit zum stundenlangen Wandern. Wir suchen uns einen Platz für den Campervan, an dem wir auch übernachten können und machen uns zu Fuß noch auf, die Bergwelt zu entdecken. Ab hier kann übrigens auch zur Rheinquelle gewandert werden, was wir bei Gelegenheit unbedingt nachholen wollen.

Freistehplatz Oberalppass
Passhöhe des Oberalppasses auf über 2040 Höhenmetern (Park4Night)
Koordinaten 46°39'44.4"N 8°40'15.0"E

Oben: Wanderweg durch Valendas – links das Hofládeli
Unten: Ruinaulta oder zu Deutsch die Rheinschlucht

Zwischen Andermatt und Göschenen liegt unser nächstes Ziel. Die Schöllenenschlucht kennt Steffi schon von einem Hörspiel aus der Kindheit. Denn hier soll der Teufel höchst persönlich eine Brücke über die reißende Reuss gebaut haben. Als er seinen mit den Dorfleuten vereinbarten Lohn der ersten Seele, die die Brücke passiert, einforderte, schickten die findigen Dörfler einen alten Ziegenbock über die neue Brücke. Tatsache ist, dass die Händler früher mit ihren Maultieren genau hier durchkamen, weil es – mitunter dank ebendieser Brücke – der schnellste Weg über die Alpen war. Jetzt hier zu stehen und die Teufelsbrücke anzuschauen, ist schon speziell.

Ab Andermatt folgen wir nun erneut der Grandtour of Switzerland. Der Furkapass liegt vor uns. Und mit ihm viele Serpentinen und steile Straßen, auch unser Opel Movano kann so was gut ab. Der kriegt sowieso immer wieder Pausen, weil wir ständig anhalten und die Aussichten genießen. Wir beschließen, als wir endlich auf der Passhöhe mit 2431 Höhenmetern ankommen, dass wir gleich noch eine Nacht in luftiger Höhe verbringen wollen. Doch erst fahren wir ein paar Hundert Meter auf der westlichen Seite den Pass hinunter. Auf dem Parkplatz beim Hotel Belvedere ziehen wir die Wanderschuhe an und stapfen am Ende des Parkplatzes los. Der Rhone-Gletscher ist von hier aus zu erreichen mit der europaweit einzigartigen Eisgrotte: ein nicht ganz 100 Meter langer Tunnel, der in den Gletscher führt. Wow, das ist einfach irrsinnig schön und gleichzeitig eiskalt.

Nach diesem Erlebnis fahren wir an einen ruhigeren Parkplatz Richtung Passhöhe zurück und beobachten die Murmeltiere. Nachts werden wir gut durchgerüttelt. Das Wetter hier oben in den Bergen ist deutlich rauer als im Mittelland.

Freistehplatz Furkapass
Passhöhe des Furkapasses auf über 2430 Höhenmetern (Park4Night)
Koordinaten 46°34'18.0"N 8°24'40.0"E

Der Grandtour of Switzerland würden wir ja gerne noch weiter folgen: Aletschgletscher, das wunderschöne Wallis und die Westschweiz kommen als Nächstes, doch Termine zwingen uns, hier umzudrehen.

Eines haben wir über unsere Heimat mal wieder gelernt: Die Schweiz ist wunderschön, bietet landschaftliche Highlights nah beieinander und mit der Grandtour eine Traumstraße, die garantiert an keiner Attraktion versehentlich vorbeiführt. Klar, die Preise sind höher als im umliegenden Ausland, doch Freistehen ist fast überall möglich und dadurch können auch die Reisekosten stark gesenkt werden.

Oben: Unterwegs auf der Grandtour of Switzerland mit Blick auf den Säntis
Unten: Die bunten Holzhäuser von Appenzell

Säntis
GRAND TOUR
of Switzerland

Laimbacher Karl
ANTIKSCHREINEREI
AUSSTELLUNG
AUF 4 ETAGEN
Laimbacher Karl

Start- und Endpunkt
Von Aix-les-Bains nach Villefranche-de-Conflent

Streckenlänge
1149 km

Fahrzeit
ca. 14 Std. 55 Min.

Highlights
Gorge du Verdon
Port Grimaud
Naturpark der Camarque
Villefranche-de-Conflent

TOUR 20

FRANKREICH UND MONACO

Frankreich und Monaco

DURCH DEN GRAND CANYON EUROPAS UND DER MITTELMEERKÜSTE ENTLANG BIS IN DIE PYRENÄEN

Frankreich ist das Paradies für Camper aller Vorlieben – Freistehen, Campingplatz, Stellplatz alles ist möglich. Und wir haben uns endlich eine Solaranlage aufs Dach geschnallt und sind somit autark unterwegs. Die erste Nacht verbringen wir dann auch gleich freistehend in Aix-les-Bains, bevor wir am nächsten Tag weiter Richtung Gorge du Verdon fahren.

Freistehplatz Aix-le-Bains
Parkplatz am See (Park4Night)
45°42'00.1"N 5°53'08.8"E

Unterwegs zur Verdonschlucht kommen wir an den Gorges de la Méouge vorbei und fahren diesen einfach mal entlang: eine richtig schöne Schlucht mit tollen Ausblicken auf den Fluss und die Felsen drum herum. Wir nehmen die Landstraßen, haben ja keine Eile, kommen an Lavendelfeldern vorbei und abends finden wir in Riez einen schönen Stellplatz am Ortsrand, von wo wir bequem zu Fuß noch ins Zentrum gehen.

Frühstück am Meer in La Ciotat

Bevor wir am nächsten Tag dann aber endlich in der Gorge du Verdon ankommen, machen wir in Moustiers-Sainte-Marie einen Halt. Eigentlich nur, weil dort die Touristeninformation für die Umgebung ist, doch das kleine Dörfchen lohnt auch sonst eine Besichtigung. Es ist so hübsch.

Stellplatz: Aire de Camping-Car Riez
Rue du Faubourg Saint-Sébastien (Park4Night)
43°49'20.2"N 6°05'32.6"E

Und dann fahren wir in den regionalen Naturpark Verdon ein, vorbei am Stausee Lac de Sainte-Croix, hinein in die Schlucht des Verdon. Im Sommer kann man auf dem türkisfarbenen Fluss Kanu fahren, jetzt liegt bereits etwas Schnee an den schattigen Plätzchen. Die spätherbstliche Natur mit ihren bunten Farben ist mit dieser Weitsicht über die Schlucht richtig schön. Die D952 verlassen wir in La Palud-sur-Verdon und biegen auf die kleinere D23 ab. Eine Rundstrecke, die nur im Uhrzeigersinn komplett gefahren werden kann, mit richtig schönen Ausblicken über die Verdonschlucht. Uns ist es in den Bergen aber zu kalt zum Übernachten, also fahren wir eine Stunde weiter südlich und sind in Nizza. Dort übernachten wir außerhalb der Stadt auf dem Camping Park Maurettes.

Camping Park Maurettes
730 Avenue du Dr Julien Lefebvre,
Villeneuve-Loubet
Tel. +33 4 93 20 91 91,
info@parcdesmaurettes.com
Ganzjährig geöffnet
43°37'51.6"N 7°07'47.1"E

Unser 25. Reiseland liegt nun nur noch ein paar Kilometer entfernt und trotzdem ist es etwas schwierig, dort einen Parkplatz für ein Fahrzeug mit 2,90 Metern Höhe zu finden. Na klar, wir fahren nach Monaco. Die Straße M6007 – Avenue Bella Vista – führt uns ans Ziel und ist gleichzeitig eine Panoramastraße. Die Aussichten auf die Küste und das Meer sind gigantisch. Und dann finden wir doch tatsächlich eine Tiefgarage, die speziell für Wohnmobile und sonstige große Fahrzeuge vorgesehen ist, und dort gibt es noch genau einen freien Platz. Perfekt!

Parking des Ecoles (Wohnmobil-Tiefgarage)
3 Avenue des Guelfes, Monaco
43°43'35.5"N 7°25'00.9"E

Zu Fuß erkunden wir das Stadtzentrum des zweitkleinsten Landes der Welt, gehen zum Palast des Prinzen hinauf, und von dort können wir auf den Port Hercules herunterschauen. Dort ist die Start-/Zielgerade des Grand Prix von Monaco. Vom Palast aus schlendern wir durch die davor liegende Altstadt, die den Namen »Fürstenbezirk« trägt. Über eine Treppe verlassen wir den Hügel wieder und schlendern langsam zurück zur Tiefgarage. Die Nacht verbringen wir dann wieder in Frankreich, sind sogar noch ein gutes Stück gefahren, bis wir beim Stellpatz von Sainte-Maxime angekommen sind.

Aire de Camping-Car Sainte-Maxime
67 D25, Sainte-Maxime (Park4Night)
43°19'02.0"N 6°37'48.8"E

Am nächsten Tag erkunden wir Port Grimaud, ein mit Kanälen durchzogener Ortsteil von Grimaud. Zu Fuß schlendern wir durch die Gassen, vorbei an den kleinen Geschäften und auf den alten Leuchtturm hinauf. Ein schöner Ort, der bei uns vor allem Erinnerungen an vergangene Urlaube weckt. Abends finden wir in La Ciotat einen schönen Freistehplatz an einer wenig befahrenen Straße direkt am Meer, wo wir dem Sonnenuntergang auf den Klippen zuschauen (heute verboten).

Oben: Blick über Monaco
Unten: Der Hafen von Port Grimaud

Alternativplatz: Freistehplatz La Ciotat
1-17 Avenue du Capitaine Marchand, La Ciotat
43°10'04.8"N 5°36'17.5"W

Jacob's Boulangerie
35 Rue Bédarrides, Aix-en-Provence
43°31'42.2"N 5°26'50.8"E

Zufälligerweise ist in Aix-en-Provence am nächsten Tag Markt und Steffi strahlt natürlich über beide Ohren, als wir das bei unserer Ankunft im Ort feststellen. Der Tag ist somit gelaufen, wir schlendern durch die Stände, probieren ein paar lokale Spezialitäten direkt am Markt. Lui gönnt sich dafür später in der Altstadt ein Enten-Sandwich von der Jacob's Boulangerie.

Vom Naturpark der Camargue haben wir leider schon viel über ein massives Sicherheitsproblem gehört. Da wollen wir aber hin, Freistehen muss dann aber in so einer Gegend nicht sein. Deshalb fahren wir den Camping Neptun an und prompt bekommen wir am Abend Nachbarn mit eingeschlagener Scheibe. Sie waren in der Camargue wandern, als sie zurück bei ihrem Wohnmobil ankamen, war es leer geräumt.

Camping Neptune
4 Allée Gustave Eiffel, Saint-Mitre-les-Remparts
Tel. +33 4 42 44 06 60, campingneptune@wanadoo.fr
Ganzjährig geöffnet
43°28'04.8"N 5°01'09.5"E

Aber da gibt es Flamingos und natürlich die Camargue-Pferde! Steffi ist von ihrem Plan trotz der bedenklichen Sicherheitslage nicht abzubringen, also fahren wir am nächsten Morgen in den Naturpark hinein. Unser Kompromiss lautet, dass wir einfach so viel sehen, wie wir von der Straße aus sehen bzw. in Sichtweite des Campers. Und so erleben wir einen richtig tollen Tag in der Camargue, sehen von der Straße Route de Fielouse aus viele Flamingos, entdecken auf einer Weide auch die weißen Camargue-Pferde und sogar die schwarzen Stiere. Einzeln machen wir auch eine kurze Wanderung beim Besucherzentrum im Park drinnen. Geschlafen haben wir etwas weiter südwestlich auf einem Stellplatz in Marseillan Plage, natürlich mit einem ausgiebigen Strandspaziergang noch vor dem Frühstück.

Aire de Camping-Car Marseillan Plage
4 Rue des Goélands, Marseillan (Park4Night)
43°19'09.7»N 3°32'53.6»E

Bei einem Spaziergang durch das gleich neben dem Stellplatz beginnende Naturreservat Bagnas entdecken wir übrigens erneut zahlreiche Flamingos.

So langsam nähern wir uns Spanien und somit dem nächsten Reiseland, das wir hoch in den Pyrenäen besuchen wollen. Als wir die Ausläufer der Berge durchfahren, erweckt ein besonders schöner Ort unser Interesse und wir parken den Campervan. Wir sind in Villefranche-de-Conflent gelandet. Die beeindruckende Stadtmauer stammt aus der Zeit des Konfliktes zwischen Spanien und Frankreich, innerhalb der Mauer verbergen sich steinerne Häuser mit richtig coolen Schildern der Geschäfte. Spannend, was man alles am Straßenrand entdecken kann.

Die letzte Nacht in Frankreich wollten wir eigentlich noch mal freistehen, aber hier oben in den Pyrenäen ist es bereits tagsüber sehr kalt. Also checken wir auf dem Camping La Griole ein. Diese Nacht werden wir noch lange in Erinnerung behalten, denn uns fiel beim Schließen die komplette Seitentüre ab. Dank der Hilfe eines auf dem Campingplatz wohnenden Spenglers können wir die Tür zwar mit Gewalt zurück in die Schiene bringen, doch das muss am nächsten Tag dringend repariert werden.

Camping La Griole
39 Route de l'Andorre, Targassonne
(Park4Night)
Tel. +33 4 68 30 03 84, www.lagriole.com
Ganzjährig geöffnet
42°29'45.1"N 1°59'09.2"E
Eigentümerwechsel auf 2022, Webseite vor Anreise prüfen.

So endet unser Frankreich-Abenteuer mit einem großen Schrecken. Nichtsdestotrotz ist Frankreich für uns eines der besten Reiseländer mit Camper. In fast jedem Ort gibt es einen Stellplatz, mit Park4Night haben wir eine richtig coole App kennengelernt und nun mit Solaranlage gleich auch unsere neu gewonnene Freiheit perfekt genießen können. Ja, wir mögen Frankreich total gerne.

Vorhergehende Doppelseite: Flamingos im Naturpark der Camargue
Oben: Liebe auf den ersten Blick in der Verdonschlucht
Unten: Aussichtspunkt in der Camargue

Start- und Endpunkt
Von der Grenze Sant Julià nach Soldeu

Streckenlänge
29 km

Fahrzeit
ca. 40 Min.

Highlights
Günstig tanken
Altstadt von Andorra la Vella
Berge der Umgebung

TOUR 21

ANDORRA

Andorra

EIN STEUERPARADIES MITTEN IN DEN BERGEN

Von Andorra hört man zwei Dinge: Steuerfrei einkaufen, günstig tanken. Entsprechend stehen wir bereits mit der Reserve fahrend an der Grenze, dürfen noch bei einer statistischen Umfrage der Regierung zum Einreisezweck ein paar Antworten geben und besuchen dann als Erstes eine Tankstelle. Der Liter Diesel kostet hier 0,97 Euro, somit ist er noch ein bisschen günstiger als in Katalonien, dort bezahlen wir um die 1,09 Euro für den Liter.

Anders als Monaco ist Andorra kein Stadtstaat, sondern beheimatet 44 Gemeinden und ist flächenmäßig der größte Zwergstaat Europas. Erst erkunden wir die Hauptstadt Andorra la Vella auf rund 1000 Metern über dem Meer. Zu Fuß streifen wir durch die Straßen, besuchen die St. Stephankirche, wobei Touristen nur im Juli und August hineindürfen. Dann halt nur von außen für uns heute. Auch das Casa de la Vall schauen wir uns nur von außen an, dafür erkunden wir die Fußgängerzone etwas genauer.

Abends stehen wir mit ein paar anderen Wohnmobilen auf einem Supermarkt-Parkplatz, wo es sogar eine Entsorgungsstelle gibt. Schön ist anders, aber immerhin gibt es wenigstens diesen Platz. Sogar das WLAN-Signal reicht bis hierhin, denn aufgepasst, Andorra ist kein Mitglied der EU, auch wenn mit Euros bezahlt wird. Mit dieser einen Übernachtung im Land sind wir übrigens doppelt so lange wie der durchschnittliche Tourist in Andorra, denn der bleibt nur einen Tag.

Àrea d'autocaravanes
River Centre Comercial, CG1 s/n,
Sant Julià de Lòria (Park4Night)
42°27'12.9»N 1°29'10.3»E

Am zweiten Tag widmen wir uns mehr der Umgebung. Wir folgen der Straße GC-2 bis nach Soldeu, können nochmals von weiter weg auf die Hauptstadt blicken und sehen nun erst so richtig, wie tief in den Bergen

Oben rechts: Unterwegs in den Bergen von Andorra
Oben links: Grenzübertritt nach Andorra
Unten: Blick ins Tal von Andorra la Vella

dieses Land doch liegt. Es gibt verschiedene Skigebiete, zum Beispiel auf dem Pic Negre, wo Skilifte erfahrene Fahrer bis auf 2812 Höhenmeter bringen.

Aber gerade im Winter schreckt die meisten Wintersportler wohl die schwierige Anreise nach Andorra ab, die vom Norden nur über hohe Pässe möglich ist und von Barcelona her einen knapp 200 Kilometer langen Umweg für uns Mitteleuropäer bedeutet. So bleibt der Zwergstaat Andorra weiterhin nur ein Shoppingparadies, auch wir werden wohl einfach der Anfahrt wegen nicht mehr so schnell nach Andorra kommen.

Die St. Stephankirche im Zentrum von Andorra la Vella

Start- und Endpunkt
Von Saragossa bis Ourense und von El Rocío bis in die Tabernaswüste

Streckenlänge
1845 km

Fahrzeit
ca. 22 Std. 30 Min.

Highlights
Halbwüste Bardenas Reales
Pamplona
Gijon
Praia das Catedrais
El Rocío
Weiße Dörfer Andalusiens
El Torcal
Málaga

TOUR 22

SPANIEN

Spanien

DURCH EINE HALBWÜSTE UND ENTLANG DER NORDKÜSTE BIS NACH ANDALUSIEN MIT SEINEN WEISSEN DÖRFERN

Spanien ist ein Land der Gegensätze, wir wollen sie alle sehen und starten ganz im Norden. Erster Halt: Saragossa! Die Stadt am Ebro hat ein sehenswertes Zentrum. Über die Puente del Piedra gelangen wir zu Fuß in die Altstadt, schauen uns die beeindruckende Basilíca del Pilar an und schlendern durch die Gassen. Am Nachmittag verlassen wir die Stadt und fahren nach Arguedas. Dort gibt es einen Stellplatz direkt bei den Cuevas de Arguedas, den verlassenen Höhlenwohnungen.

Area de autocaravanes Argueidas
65 Calle Val, Arguedas (Park4Night)
42°10'25.9"N 1°35'29.9"W

Am Tag darauf fahren wir in die Halbwüste Bardenas Reales. Von Arguedas kommend besuchen wir erst das Besucherzentrum, wo wir auch eine Karte des Parks bekommen. Über gute Schotterpisten fahren wir durch den Park, vorbei an spektakulären Felsformationen wie dem Castelldetierra, der berühmten Felsensäule mit Hut. Eine surreale Landschaft, die uns tief beeindruckt und fasziniert. Übernachten ist hier aber leider nicht erlaubt, deshalb verlassen wir gegen Abend die Bardenas Reales und finden in Olito einen weiteren kostenlosen Stellplatz.

Die Felsformation Castelldetierra in den Bardenas Reales

Area de autocaravanes Olite
9 Paseo de Doña Leonor, Olite (Park4Night)
42°28'48.9"N 1°38'50.4"W

Der N-121 folgen wir bis nach Pamplona, eine Stadt, die wohl fast jedem wegen ihrer Stierhatz bekannt ist. Aktuell ist davon nicht viel zu sehen, das finden wir auch gut so. Pamplona ist aber richtig hübsch anzuschauen. Wir schlendern durch die Gassen, dabei passieren wir mehrere der Stadttore und können von der Stadtmauer in die Corralillos del Gas blicken, den Kampfstierstallungen während der Sanfermines (immer vom 6. bis 14. Juli). Am Abend beginnt die Stadt aber erst richtig zu leben. Die vielen Bars stellen Tische raus, es wird getrunken und dazu gibt es natürlich Tapas, die hier im Norden allerdings Pintxos genannt werden.

Parking autocaravanes Trinitarios Pamplona
Av. de Gipuzkoa Etorbidea, 1–409, Pamplona (Park4Night)
42°49‘15.7“N 1°39‘23.5“W

Nach zwei Nächten auf dem Stellplatz in Pamplona zieht es uns ans Meer. Der A15 folgen wir bis Donostia–San Sebastián und fahren ab dort einfach weiter der Küste entlang, bis wir in Deba einen Freistehplatz direkt am Meer finden.

Parkplatz in Deba
N-634, Deba (Park4Night)
43°18'02.8"N 2°20'41.9"W

Bis nach Bilbao orientieren wir uns immer der Küste entlang und sind entsprechend auf kleinen Überlandstraßen unterwegs. Unser Stellplatz in Bilbao befindet sich oberhalb der Stadt, die wir erst mal nur im Dunkeln von oben herab betrachten.

Stellplatz oberhalb von Bilbao
124a Kobeta, Bilbao
43°15'35.6"N 2°57'50.2"W

Mit dem Bus fahren wir am nächsten Tag bequem direkt ins Zentrum. Dort gehen wir als Erstes zum Mercado de la Ribera, der mit rund 10 000 Quadratmetern der größte überdachte Markt Europas ist. Es werden Früchte, Gemüse, Fleisch, Fisch und viel Selbstgemachtes angeboten, einen Bar-Bereich mit vielen Pintxos gibt es ebenfalls. Später erkunden wir die Altstadt und kommen auch an der Plaza Nueva vorbei, ein monumentaler Platz mit einigen Restaurants. Am Fluss entlang schlendernd können wir das Guggenheim-Museum nicht verpassen. Moderne und zeitgemäße Kunst wird hier ausgestellt, und schon von außen fällt das Gebäude mit den verschiedenen Skulpturen auf.

Erst am nächsten Tag fahren wir mit dem Camper zum eigentlichen Wahrzeichen der Stadt, der schwebenden Biskaya-Brücke. Sie ist die älteste Schwebefähre der Welt und wird noch heute benutzt. Unten an der Stahlkonstruktion hängt die eigentliche Fähre, die an langen Stahlseilen über den Fluss schwebt.

Gijón ist für seinen Sidra (Apfelwein) berühmt, und wir machen uns in der Stadt auf die Suche danach. Wir schlendern durch die Gassen, als uns eine ältere Dame anspricht. Sie ist gebürtig aus Gijón und nimmt uns kurzerhand mit in ihr Lieblingslokal, das Los Espumeros. Natürlich bestellen wir eine Flasche Sidra und schauen dem Wirt beim Einschenken zu. Mit der rechten Hand hält er die Flasche weit über den Kopf und das Glas in der linken streckt er nach unten.

Oben: Die berühmte Spinne des Guggenheim-Museums von Bilbao
Unten: Fahrt durch die Halbwüste Bardenas Reales

Der Sidra wird aus der Höhe ins Glas geschäumt und der Schluck wird sofort getrunken, damit noch richtig viel Sauerstoff im Getränk ist. Deshalb bekommt man auch nie ein volles Glas, sondern immer nur einen Schluck.

Sidreria Los Espumeros de Cimavilla
Calle Rosario, 56, Gijón
Geöffnet Dienstag bis Sonntag 12–0 Uhr
43°32‘48.3“N 5°39‘53.3“W

Am späten Nachmittag machen wir noch etwas Strecke Richtung Westen und schlafen im Atalaia Camper Park.

Atalaia Camper Park
Lugar Forxan, 2E, Lugo (Park4Night)
Tel. +34 982 188 494,
www.atalaiacamperpark.com
43°34‘45.3“N 7°16‘25.6“W

Ebbe ist um 9:35 Uhr, zwei Stunden vorher sind wir bereits an der Praia das Catedrais. Somit haben wir etwa vier Stunden Zeit, uns die Bögen, Klippen und Höhlen anzuschauen, danach holt sich das Meer den Strand zurück. Schnell parken wir unseren Camper auf dem Parkplatz, der übrigens auch als Freistehplatz genutzt wird, und steigen über die Treppen hinunter zum Strand. Die Sonne geht gerade auf und scheint uns durch die Bögen der etwa 30 Meter hohen Klippen an, in den Pfützen spiegelt sich die beeindruckende Natur. Das tosende Meer zur einen, die Klippen zur anderen Seite. Wir sind so fasziniert, dass wir die Zeit vergessen und wir gerade noch so vor der Flut zurück sind.

Oben: Skulptur aus den Flaschen des berühmten Sidra von Gijon
Unten: Praia das Catedrais am frühen Morgen bei Ebbe

Zurück beim Camper fährt gerade ein kleiner Lieferwagen vor, öffnet die hinteren Türen und schon ist er eine kleine Bäckerei. Perfektes Timing, wir sind kurz vorm Verhungern.

Praia das Catedrais bzw.
Praia de Augas Santas
Praia das Catedrais, Ribadeo, Lugo (Park4Night)
Parkplatz 43°33‘10.5“N 7°09‘25.5“W

Zu guter Letzt wollen wir noch nach Ourense, denn die Stadt ist voll mit heißen Quellen und wir sind bereit für ein schönes warmes Bad. Ein Freistehplatz ist schnell gefunden, und von dort ist es nicht weit zu einem öffentlichen Pool sowie zu einer geschlossenen Badeanstalt. Die Wahl fällt wegen der Duschen auf die Badeanstalt. Die Beckentemperaturen reichen von angenehm warm bis richtig heiß – es ist einfach herrlich schön!

Freistehplatz bei Ourense
nahe der Quellen
8 Paseo do Tinteiro, Ourense (Park4Night)
Parkplatz 42°20‘58.5“N 7°52‘45.2“W

Im nächsten Kapitel fahren wir einmal komplett durch Portugal, hier machen wir direkt mit der Südküste Spaniens weiter.

Von Portugal kommend besuchen wir die Westernstadt El Rocío. Die Straßen sind Sandwege, die Pferdestärken kommen nicht in Maschinenform, sondern auf vier Beinen daher. Ein richtig cooler Ort und Steffi als Western- und Pferdefan ist im siebten Himmel.

Sevilla kennen und lieben wir bereits, jetzt im Januar ist auch die Temperatur richtig angenehm. Da wir in großen Städten überwachte Stellplätze bevorzugen, fahren wir auf das Área Autocaravanas Sevilla. Kein idyllischer Platz und die Duschen sind – vor allem bei den Männern – echt eklig, aber der Platz ist sicher und 24 Stunden am Tag bewacht.

Área Autocaravanas Sevilla
Av. Garcia Morato, Sevilla
Tel. +34 619 26 13 25,
sevilla@areasautocaravanas.com
Parkplatz 37°21'46.0"N 5°59'40.1"W

In Sevilla begeben wir uns auf die Spuren des Flamencos. Wir starten unsere Tour bei der Plaza de España, ein beeindruckendes Bauwerk mit einem Durchmesser von 200 Metern, eine Band mit Tänzerin führt Flamenco vor. Im angrenzenden Maria-Luisa-Park entdecken wir die kleinen grünen Papageien. Im Zentrum besuchen wir die Giralda, die als Moschee errichtet und später zur Kirche umgebaut wurde. Die Kathedrale daneben ist einfach nur gigantisch groß und ebenfalls sehr schön anzuschauen. In Sevilla gibt es auch eine große Tapastradition, und wir genießen einige der kleinen Leckerbissen in der Bar Estrella, dazu gibt es natürlich einen Tinto de Verano – gespritzten Rotwein.

Tapasbar Estrella
Calle Estrella, 3, Sevilla
Tel. +34 954 21 93 25,
www.barestrellasevilla.com
Täglich 12–0 Uhr geöffnet
37°23'18.4"N 5°59'29.3"W

Vom Metropol Parasol aus überblicken wir zum Sonnenuntergang die Stadt – wunderschön! Den krönenden Abschluss macht eine Flamenco-Show im Museo del Baile Flamenco. Dieses Leben und die Kraft, die die Flamencotänzer ausstrahlen, sind unbeschreiblich. Ganz große Klasse.

Von der großen Stadt reisen wir nun in das kleine weiße Dorf Vejer de la Frontera. In Andalusien gibt es viel e dieser weißen Dörfer. Vejer de la Frontera liegt an einem Hügel, die Gassen sind schmal, die Häuser leuchten

Oben links: Das weiße Dorf Frigiliana in Andalusien
Mitte links: Maultierkutschen im Westernort El Rocío
Oben rechts: Westernkulisse in der Tabernas-Wüste
Unten: Sonnenuntergang auf dem Metropol Parasol in Sevilla

MOSCATEL Nº 2
MALLORCA 2ª

weiß in der Sonne und die vielen Blumen geben schöne Kontraste. Zu unserem heutigen Schlafplatz führt nur eine sehr holprige Naturstraße, unser Campervan hat die aber gut gemeistert – und wir werden mit dem tollen Platz am Meer belohnt (heute verboten).

Alternativplatz: Stellplatz bei Barbate
Calle Galeón, Barbate
+34 606 92 82 10, www.areacañosdemeca.com
36°11'17.0"N 6°01'19.2"W

Im Winter ist das sonst so lebendige Tarifa sehr verschlafen. Es ist der Windsurf-Hotspot schlechthin, mit fast endlosen Sandstränden. Teilweise türmt sich der Sand zu hohen Dünen auf, an der Punta Paloma führt eine Straße über die riesige Düne. Bei guter Sicht kann man bis Marokko sehen. Ein toller Ort und natürlich finden wir auch einen Freistehplatz direkt am Strand – leider wurde in der Zwischenzeit dort ein Übernachtungsverbotsschild aufgestellt.

Als wir nach ein paar Tagen in Tarifa weiterziehen, liegen mit Casares und Mijas Pueblo gleich zwei weiße Dörfer am Weg. Speziell Casares ist wegen seiner einmaligen Lage, eingebettet an einem Hügel, wunderschön. Mijas Pueblo ist leider schon sehr touristisch und wir raten dringend davon ab, die Eseltransporte zu nutzen.

Das heutige Ziel aber ist Málaga. In dieser Stadt waren wir – alle Aufenthalte zusammengerechnet – schon knapp ein Jahr, deshalb kennen wir uns gut aus und starten den Tag mit den besten Churros im Café Aranda. Danach schlendern wir über den Mercado Central, einfach weil das Angebot so schön anzuschauen ist. Den Rest des Vormittags verbringen wir in der Altstadt, schlendern durch die Gassen, kommen an der Basílica de la Encarnación vorbei sowie am Teatro Romano. Am Mittag essen wir ein paar Tapas in der Altstadt, am Nachmittag steigen wir noch zur Alcazaba hinauf und blicken über halb Málaga und den Hafen. Zur Hafenseite gehen wir auch wieder herunter und spazieren noch durch den Park Jardines de Puerta Oscura, bevor wir den typischen süßen Wein Málagas im Antigua Casa de Guardia kosten.

Den restlichen Nachmittag verbringen wir am liebsten am Strand im Stadtteil Pedregalejo. Dort gibt es auch Bars und Restaurants fürs Abendessen. Wollen wir es noch etwas einheimischer, dann spazieren wir einfach weiter nach Osten bis nach El Palo. Dort ist Fisch angesagt, zum Beispiel Espetos – Sardinen am Spieß – sind eine Spezialität hier. Und unser absoluter Geheimtipp für hungrige Partymäuse ist das El Pimpi Florida in El Palo. Natürlich machen wir das nicht alles an einem Tag, wir haben ja auch viel Zeit. Aber so könnte der perfekte Tag in Málaga aussehen.

Oben: In den Fässern im Antigua Casa de Guardia lagern die süssen Weine Málagas.
Unten: Das beste Frühstück in Málaga sind Churros und Pitufo on Tomate.

Freistehplatz Málaga
Calle Miguel de Merida Nicolich, Málaga
(Park4Night)
36°41'05.6"N 4°27'35.4"W

Restaurant Iberico, Mesón las Hazuelas
Calle Encarnación, 9, Antequera
Tel. +34 952 70 45 82, www.mesonlashazuelas.es
Täglich von 13–17 Uhr
sowie 20–24 Uhr geöffnet,
37°01'00.3"N 4°33'29.3"W

Nach so viel Stadt zieht es uns in die Natur. Im Hinterland liegt El Torcal, ein Naturpark mit schönen Wanderwegen zwischen riesigen Felsformationen. Selbst im Sommer ist es hier etwas kühler. Zum Abendessen sind wir zurück in Antequera und essen leckere Tapas im Mesón las Hazuelas. In Antequera gibt es zudem einen kostenlosen Stellplatz.

Área Autocaravanas Antequera
Av. Miguel de Cervantes, 43,
Antequera (Park4Night)
37°01'16.8"N 4°34'18.1"W

Ein letztes weißes Dorf liegt an unserem Weg und wir fahren nach Frigiliana. Erneut ein wunderschönes Dorf mit gekalkten Häusern, Blumenschmuck und gepflegten Gassen. Aber auch dieses Dorf ist kein Geheimtipp mehr. Die Fahrt nach Almería geht durch endlose »Plastikwüsten« von Treibhäusern. Bis ans Meer reichen die Plastikbahnen, uns wird erstmals bewusst, wo das Billiggemüse aus den Supermärkten herkommt. Selbst die Anfahrt zum Naturpark Cabo de Gata führt noch lange durch das »Plastikmeer«. Im Park selber ist davon nichts zu sehen. Wilde Landschaften, Hügel und wunderschöne Sandstrandbuchten zeichnen diesen Teil Spaniens aus. Die Nacht verbringen wir auf dem Stellplatz Cabo de Gata Motorhome Area, ein gepflegter Platz, allerdings mitten im Plastikdschungel.

Cabo de Gata Motorhome Area
Carrrerera Cabo de Gata, San Jose, Km 15,100,
Almería
Tel. +34 673 82 18 88,
info@cabogatacamper.com
Ganzjährig geöffnet
36°48'59.3"N 2°08'57.4"W

Unser letzter Stopp im Süden gilt der Tabernas-Wüste, der einzigen Wüste in Europa. Sie ist vor allem für Filmproduktionen bekannt und mehrere Westernstädte locken Besucher. Wir wollten raus in die Wüste fahren, doch finden wir keine für uns machbare Straße.

Spanien ist unglaublich vielseitig, beeindruckend und reich an Kultur. Nun haben wir es erstmalig auch im Campervan bereist, und es war eine absolut fantastische Zeit.

Oben: Einsame Strände am Cabo de Gata
Unten: Im Naturpark El Torcal sehen wir viele Bergziegen.

Start- und Endpunkt
Von Porto bis Albufeira

Streckenlänge
795 km

Fahrzeit
ca. 9 Std. 45 Min.

Highlights
Porto
Coimbra
Praia da Bordeira
Strände der Algarve

TOUR 23

PORTUGAL

Portugal

DURCH PORTO UND COIMBRA BIS ZUM ÜBERWINTERUNGSORT SCHLECHTHIN: DER ALGARVE

Überwintern in Portugal, wobei die Route natürlich auch in anderen Jahreszeiten gefahren werden kann. Ganz im Norden reisen wir ein und statten als Erstes Porto einen Besuch ab.

Im Stadtzentrum angekommen, erkunden wir die Markthallen des Mercado do Bolhão. Es werden nebst Lebensmittel auch Spezialitäten, Blumen und Souvenirs angeboten. Gleich daneben in der Konditorei Manteigaria werden die berühmten Pasteis de Nata frisch zubereitet, wir können sogar zuschauen. Wir gönnen uns zwei der leckeren mit Pudding gefüllten Blätterteigküchlein und schauen durch die großen Fenster dem bunten Treiben draußen zu. Danach schlendern wir durch die Gassen und kommen auch an der Buchhandlung Livrario Lello vorbei. Eine nicht enden wollende Schlange von Menschen wartet auf Einlass, denn hier soll sich J. K. Rowling Inspiration für ihre Harry-Potter-Bücher geholt haben und ja, die Treppe hat schon gewisse Ähnlichkeiten mit Szenen aus den Filmen. Für uns ist aber die nahe gelegene Kirche Igreja do Carmo speziell von außen viel spannender. Ihre Fassade schmücken Hunderte kleine Azulejos – bunte Kacheln –, die zusammen ein großes Bild ergeben. Gut zu sehen sind solche Bilder aus den typischen Kacheln auch in der Bahnhofshalle des Porto São Bento. Von dort gehen wir Richtung Fluss, kommen an der Kathedrale von Porto vorbei, von deren Terrassen wir einen guten Blick über die Stadt erhalten. Wir gehen noch etwas weiter und stehen auf der Ponte Dom Luís I, der Metrobrücke. Von hier oben sehen wir das Stadtviertel Ribeira mit seinen bunten Häusern und den Portweinschiffen auf dem Douro. Dort hinab gehen wir nun auch. Ribeira hat ein einzigartiges Flair, viele Bars und Restaurants laden zum Verweilen ein. Im Restaurant Bacalhau setzen auch wir uns hin und trinken ein Glas Portwein, während wir auf unser Essen warten. Geschlafen haben wir etwas außerhalb auf dem Camping Parque Campismo Salgueiros. Ein einfacher und günstiger Platz, und der direkte Bus ins Zentrum fährt vor dem Eingang.

Oben: Die Altstadt von Coimbra
Unten: Höhle von Benagil an der Algarve von oben betrachtet

Camping Parque Campismo Salgueiros
R. Campismo 263, Porto
Tel. +351 227 718 230, geral@canidelo.net
Ganzjährig geöffnet
41°07'15.4"N 8°39'39.8"W

Nach ein paar Tagen ziehen wir weiter nach Aveiro, das für seine farbenfrohen Boote auf den Stadtkanälen bekannt ist. Diese stechen auch uns bei der Stadterkundung sofort ins Auge. Wir spazieren noch etwas durch die Gassen, so richtig in seinen Bann ziehen kann uns Aveiro allerdings nicht. Die angrenzende Lagune Ria de Aveiro sowie die Landzunge mit der Praia da Costa Nova gefallen uns da schon viel besser, speziell die bunten Häuschen haben es uns angetan. Auf dieser Landzunge liegt auch der Stellplatz am Praia da Vagueira, wo wir bei heftigem Sturm geschlafen haben.

Stellplatz Parque de campismo da Praia da Vagueira
Rua do Labrego, Praia da Vagueira
Tel. +351 969 098 598, www.vagasplash.com/autocaravanas/, Ganzjährig geöffnet
40°32'58.3"N 8°46'15.8"W

Die nächste Stadt an unserer Route ist Coimbra. Dafür fahren wir etwas ins Hinterland und parken unseren Campervan beim Parque do Choupalinho. Über die Pedro-e-Inês-Brücke gelangen wir in die Altstadt, wo wir gleich beim Eingang in die Fußgängerzone einen Stadtplan beim Touristenbüro mitnehmen. Wir lassen uns durch die Gassen treiben und landen vor der Kirche Igreja de Santa Cruz. Die schauen wir uns auch von innen an und sehen ebenfalls in den wunderschönen Garten. Von der unteren Altstadt wollen wir in die obere und gehen dazu durch den Torre de Almedina. Aus einem Geschäft hören wir Musik, Fado, die Seele Portugals. In Coimbra gibt es davon eine Unterart, den Fado de Coimbra. Wer sich so ein Konzert anhören möchte, kann dies täglich um 18 Uhr im Fado ao Centro machen, das gleich hinter dem Torre de Almedina ist. In der oberen Altstadt fällt uns die Sé-Velha-Kathedrale auf, die mehr wie eine Burg aussieht. Coimbra ist eine Universitätsstadt, der Campus liegt ganz oben und wir passieren das Eingangstor. Diverse Räume können besichtigt werden, darunter auch die riesige sehr sehenswerte Bibliothek. Und als wir ein paar Studenten in den traditionellen Umhängen sehen, erinnert auch uns der Anblick an die Schuluniform von Hogwarts, J. K. Rowling hat sich auch hier Inspiration geholt. Auf dem Rückweg kommen wir in der Fußgängerzone an der Pastelaria Briosa Coimbra vorbei und kaufen uns gleich noch die Spezialität: Briosa, ein Strudelteiggebäck, gefüllt mit einer sehr süßen Mandelcreme.

Abends haben wir uns mit Freunden auf dem kostenlosen Stellplatz an der Costa de Lavos

Oben: Freistehplatz an der Algarve mit Blick aufs Meer
Unten: Die traditionellen bunten Boote von Aveiro

A-2505-AL
O LAMEIRENSE
YAMAHA

verabredet und verbringen dort gemeinsam einen schönen Abend.

Stellplatz Costa de Lavos
12–14 Rua Mestre Cardoso, Costa de Lavos
40°05'16.3"N 8°52'31.9"W

Portugal ist bekannt als Surferparadies und in Nazaré sind die Wellen wegen der Unterwasserriffe vor der Küste besonders hoch. Einmal jährlich findet hier der Big Wave Contest statt, doch das ganze Jahr über sind eigentlich immer ein paar Surfer im Wasser. Wir beobachten sie vom Leuchtturm Farol da Nazaré aus und schlendern im Anschluss noch etwas durch das kleine Örtchen. In Peniche machen wir als Nächstes einen Halt, können die Klippen und die Altstadt aber nicht besichtigen, weil es durchgehend wie aus Eimern schüttet. Die Vorhersage verheißt auch nichts Gutes, also fahren wir einfach weiter, bis wir

wieder Sonne sehen und landen rund 370 Kilometer südlich, an der Praia da Bordeira. Ein Fluss schlängelt sich am Parkplatz vorbei bis zum Meer, er trennt uns von der riesigen Sanddünenlandschaft, die sich bis zum Meer erstreckt. Wir nehmen den Fußweg am Fluss entlang, kommen auf die Klippen, dort können wir den Fluss überqueren und stehen nun in den Dünen. Ein bezauberndes Naturschauspiel, wir bleiben ein paar Tage hier und tanken Sonne.

Freistehplatz Praia da Bordeira
Estrada da Praia, (Übernachtungsverbot)
37°11'33.8"N 8°54'08.9"W

Irgendwann zieht es uns aber weiter. Auf dem Weg ans Cabo de São Vicente kommen wir noch an der Praia da Cordoama vorbei. Ebenfalls ein beeindruckender Sandstrand, umgeben von den Steilklippen der Küste. Den besten Blick auf die Küste bekommen wir

etwas oberhalb vom Miradouro do Castelejo. Die ganze Küste ist hier voll mit solchen kleinen Stränden und es gäbe noch unzählige zu erkunden, doch nun fahren wir direkt ans Cabo de São Vicente. Das Kap zeigt das südwestliche Ende des europäischen Festlandes an, und man kann hier an einem Imbiss »die letzte Bratwurst vor Amerika« essen.

Zur Übernachtung sind wir anschließend nach Sagres auf den Parkplatz der Festung gefahren und dürfen dort einen einmalig schönen Sonnenuntergang über der Praia do Tonel erleben. (Freistehverbot seit 2021)

Alternativplatz: Parque de Campismo Orbitur
Cerro das Moitas, Sagres
+351 282 624 371, www.orbitur.pt
37°01'28.3"N 8°56'46.7"W

Lagos wollen wir uns unbedingt noch anschauen. Gegenüber des Mercado Municipal finden wir einen Parkplatz am Straßenrand und schlendern als Erstes durch die Markthalle. Danach erkunden wir die Gassen, spazieren durch die Altstadt und entdecken an der Praça Luís de Camões ein komplett grün gekacheltes Haus. Etwas außerhalb der Stadt ist die Ponta da Piedade, hier trifft türkisblaues Wasser auf die Felsen der Küste, und es haben sich diverse Höhlen und Bögen gebildet.

Auf dem Camping Mikki's Place to Stay haben wir uns für einen ganzen Monat einquartiert. Der Platz wird von Holländern geführt und bietet die komplette Infrastruktur in einem ungezwungenen Rahmen. Zudem fängt die portugiesische Polizei meist ab Januar an, an die Freisteher Verwarnungen oder gar Geldbußen zu verteilen, denn das vermeintliche Freistehparadies Portugal hat eigentlich Gesetze, die eben genau dieses Verhalten verbieten.

Camping Mikki's Place to Stay
Areias de Pera 700A, Pera
Tel. +351 913 70 03 02, info.mikki.f@gmail.com
Ganzjährig geöffnet
37°07'43.5"N 8°19'22.8"W

In den folgenden Wochen machen wir aber auch Ausflüge und erkunden die Küste, die mit sensationellen Klippen und Stränden lockt. Praia da Benagil, Marinha, Albandeira oder Morena sind nur einige der vielen sehenswerten Orte. Und dann ist es Zeit, Portugal zu verlassen. Wir ziehen weiter nach Spanien (siehe Tour durch Südspanien im vorherigen Kapitel) und freuen uns, zurück auf der Straße zu sein.

Vorhergehende Doppelseite: Praia da Bordeira mit tollem Freistehplatz gleich daneben
Oben: Leuchtturm am Cabo de São Vicente
Unten: Toller Sonnenuntergang in Sagres – Freistehplatz gleich daneben

Start- und Endpunkt
Vom Hohen Venn bis nach Brügge

Streckenlänge
556 km

Fahrzeit
ca. 6 Std. 50 Min.

Highlights
Moorwanderung im Hohen Venn
Schiffshebewerk
Ypern
Krabbenfischen mit Pferden

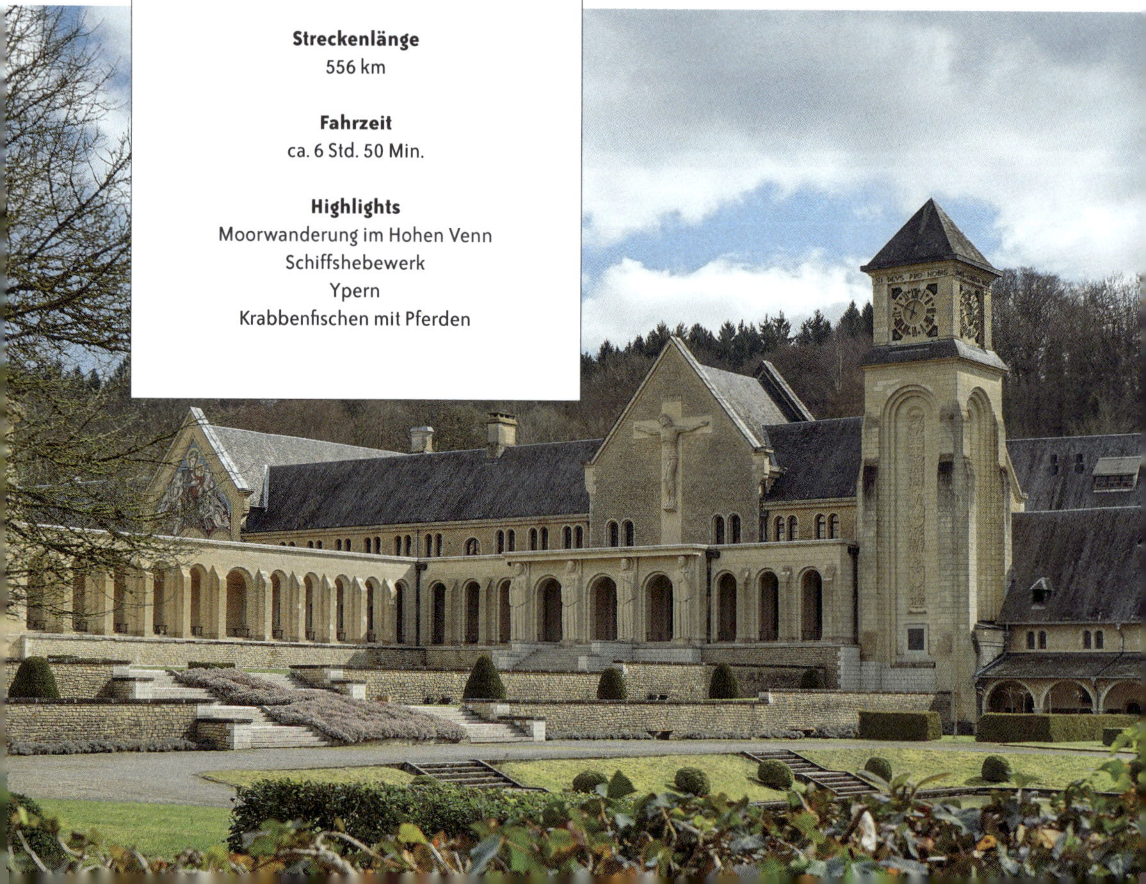

TOUR 24

BELGIEN

Belgien

MOORLANDSCHAFTEN, TOLLE ORTE UND KRABBENFISCHEN HOCH ZU ROSS

Von Belgien erwarten wir nicht viel, noch nie hat uns irgendjemand von diesem Land vorgeschwärmt. Ein paar Ziele haben wir rausgesucht, danach werden wir weiterfahren – so der Plan. Doch Pläne können sich ändern, und das zeigt sich schon bei unserem ersten Ziel, dem Naturpark Hohes Venn bzw. Fagne Wallonne. Beim Maison du Parc-Botrange in Waimes parken wir den Campervan und starten nun zu Fuß die Wanderung Noir Flohaj, welche uns rund 13 Kilometer weit durch die Natur führt. Schon bald können wir die riesige Moorlandschaft überblicken, gehen erst über Naturböden, später in den feuchteren Zonen führen Stege durch das Moor. Eine bezaubernde Landschaft, die gerade erst aus dem Winterschlaf erwacht.

Bei der Talsperre Barrage de la Gileppe gibt es ein paar kostenlose Stellplätze für Camper inklusive Stromanschluss. Dort übernachten wir und blicken vom Restaurant Lac de la Gileppe auf den Stausee hinunter.

Die Abtei Orval – hier wird auch Bier gebraut.

Stellplatz Barrage de la Guileppe
Route de la Gileppe 55a, Jalhay (Park4Night)
50°35‘15.5“N 5°58‘11.1“E

Die Rennstrecke von Spa-Francorchamps ist nicht mehr weit weg, also fahren wir hin und schauen ein paar Hobbyfahrern bei ihren Runden zu.

Erst kurz vor der Grenze zu Frankreich erreichen wir unser nächstes Ziel, die Abtei Orval. Es ist ein Kloster des Trappistenordens, das – wie so üblich in Belgien – eine eigene Brauerei und Käserei besitzt. Wir erkunden das Gelände, sehen uns die Gebäude sowie den Garten an und probieren natürlich auch das Bier.

Von der Abtei Orval fahren wir etwas mehr als eine Stunde bis nach Dinant. Das Städtchen an der Maas besticht nicht nur durch seine schönen Häuser und der damit sehenswerten Altstadt, vor allem die jahrhundertealte Zitadelle hoch auf dem Felsen hinter der Stadt beeindruckt. Auf deren Parkplatz verbringen wir unter den Bäumen auch die

Nacht. Anscheinend steht da aber mittlerweile ein Übernachtungsverbotsschild, auf dem Parkplatz des Restaurants soll das Übernachten aber erlaubt sein.

Parkplatz Restaurant bei Zitadelle
Chemin de la Citadelle 15, Dinant
50°15'40.1"N 4°54'59.0"E

Am nächsten Morgen fahren wir weiter Richtung Meer. Unterwegs kommen wir am gigantischen Schleusenhebewerk von Strépy Thieu vorbei. Es ist ein Lift für Frachtschiffe, dass die Schiffe rund 100 Meter in riesigen mit Wasser gefüllten Boxen anhebt bzw. absenkt. Das hat also wenig mit einer klassischen Schleusenanlage zu tun. Es werden sogar Technikrundgänge und Bootstouren durch das Hebewerk angeboten. Auf beiden Seiten des Werkes gibt es Parkplätze, auf denen man auch übernachten kann. Wir fahren aber weiter, das Wetter ist heute nicht so toll, dass wir stundenlang Schiffe gucken mögen. Geschlafen haben wir bei einer kleinen Marina direkt am Fluss, solche Plätze lieben wir.

Stellplatz Marina in Péruwelz
4 Rue Ponchau, Péruwelz (Park4Night)
50°31'07.1"N 3°36'33.1"E

In Ypern erwischen wir ein trockenes Zeitfenster, während wir uns die Stadt in Westflandern anschauen. Am Grote Markt holen wir uns bei der Touristeninformation eine Stadtkarte mit vorgeschlagener Erkundungstour und bestaunen gleich den beeindruckenden, gotischen Gebäudekomplex der Tuchhallen, auf Flämisch Lakenhalle van Ieper. Aus dem Gebäude ragt der Belfort, ein rund 70 Meter hoher schmaler Glockenturm, der alle 30 Minuten sein schönes Glockenspiel ertönen lässt. Die Menenstraat führt uns bis zur Kasteelgracht, wo wir über ein paar Treppenstufen auf die alte Stadtmauer gelangen. Hier steht auch ein Kriegsdenkmal, bei dem noch immer täglich mit einem Hornsignal der britischen Soldaten gedacht wird. Den Rückweg wählen wir durch die Altstadt, vorbei an den unzähligen mittelalterlichen Häusern und landen schlussendlich bei Ieperse Katjes. Hier gibt es belgische Schokolade in allen Variationen – auch in Katzenform. Und weil wir im Ort schon so viele Symbole, Logos oder jetzt Schokolade in Katzenform gesehen haben, fragen wir nach, was es damit auf sich hat.

Ieperse Katjes – feinste Belgische Schokolade
Neermarkt 4, Ieper
50°51'02.8"N 2°53'06.2"E

Oben: Schiffshebewerk von Strépy Thieu – links ist der Lift gerade aktiv
Unten: Häuserfront am Grote Markt von Ypern

IN T KLEIN STADHUIS
Den Anker
PRIMUS
BOCKOR
SAS PILS

In den Tuchhallen gab es eine große Mäuseplage, die Nager fraßen die edlen Tücher an. Katzen waren die perfekte Lösung, bis sich diese ebenfalls so stark vermehrten, dass sie zur Plage wurden. Die Leute wussten sich nicht anders zu helfen, als zum Winterende die Katzen einzufangen und vom Belfort zu werfen. Das Fest dazu gibt es bis heute, allerdings werden seit Langem schon Plüschtierkatzen in die Menge geworfen.

Nach der Stadtbesichtigung fahren wir weiter, endlich erreichen wir auch das Meer! Unsere Freude währt aber nur kurz, die belgische Küste ist sehr stark zugebaut. Selbst auf der Straße N34, die unmittelbar am Meer entlangführt, sehen wir nur ab und zu zwischen den hohen Gebäuden etwas Strand und Wasser. Eigentlich wollten wir mit Meeresrauschen einschlafen, doch wir entscheiden uns dann, etwas im Inland nach einem passenden Platz zu suchen und finden diesen in Veurne in einer Marina am Kanal, und zwar kostenlos.

Stellplatz Marina Veurne
Kaaiplaats 2, Veurne (Park4Night)
51°04'12.3"N 2°40'00.4"E

Dass wir in der Region bleiben, hat einen guten Grund. Wir fahren am nächsten Morgen ganz früh zum Strandbad Oostduinkerke, und schon bald hören wir ein tiefes gemächliches dump, dump, dump. Kurz darauf sehen wir die sanften Riesen, wie sie ihre großen Hufe auf den Asphalt herunterpreschen lassen. Pferde, genauer Kaltblüter der belgischen Rasse Brabanter, ziehen bis kurz vor dem Meer Karren hinter sich her. Dort werden sie umgesattelt, die Kutscher steigen in den

Holzsattel auf ihre kräftigen Pferde hinauf und waten bauchtief ins Meer hinaus. Die zwei Enden des Schleppnetzes werden je an einem Pferd-Reiter-Paar befestigt und die kräftigen Tiere ziehen die Netze nun parallel zur Küste durch das Wasser. Als die Kolosse nach ein paar Bahnen einer nach dem anderen das Meer wieder verlassen, kommt auch der Fang zutage: kleine Krabben! Die werden im Anschluss gleich vor Ort gekocht und verkauft. Auch wir holen uns nach dem Spektakel eine Schale und wow, die schmecken richtig lecker und frischer kann man sie gar nicht essen! Diese alte Tradition des Krabbenfischens mit den Pferden wird an festgelegten Tagen von April bis September mehrmals monatlich durchgeführt.

Krabbenfischen mit Pferden
Strandbad Oostduinkerke, Zeedijk 442a, Koksijde
Datum und Zeit: www.visitkoksijde.be/de/die-krabbenfischer-zu-pferde
Die Parkplatzsuche ist schwierig, also genug Zeit dafür einplanen.
51°07'59.5"N 2°40'16.7"E

Steffi ist bei so viel Pferdepower natürlich im siebten Himmel und kriegt ihre Finger gar nicht aus dem feuchten Fell der Tiere hinaus. Lui gefällt der Teil mit der Verkostung zum Schluss dafür richtig gut – wir sind beide begeistert vom Anlass.

Die Fähre nach Großbritannien ist gebucht, trotzdem wollen wir uns Brügge nicht entgehen lassen. In der Professor-Dokter-J.-Sebrecht-Straat parken wir unseren Camper und kommen von dort bequem zu Fuß in die Altstadt. Im Zentrum erkunden wir die vielen kleinen Gassen, bestaunen die schönen mittelalterlichen Gebäude, gehen über die typischen Kopfsteinpflasterstraßen und schlendern an den Kanälen entlang. Dabei kommen wir an der Liebfrauenkirche, der Bonifatiusbrücke, dem Rozenhoedkaai, dem 83 Meter hohen Belfort mit 47 Glocken und dem Marktplatz vorbei. Brügge ist wirklich eine sehr schöne und sehenswerte Stadt.

Und so endet unsere Belgienreise ganz anders, als vermutet. Wir mögen das kleine Land richtig gerne, haben verschiedene tolle Städte gefunden, beeindruckende Naturlandschaften mit spannenden Traditionen erlebt und eine Gemeinsamkeit mit der Schweiz entdeckt: die Liebe zur Schokolade.

Ab Dünkirchen, Frankreich bringt uns die Fähre nun nach Großbritannien, kommst du mit?

Vorhergehende Doppelseite: Unterwegs mit den Krabbenfischern und ihren Brabant-Pferden
Oben: Beäugen des Fanges nach der harten Arbeit
Unten: Blick von der Bonifatius-Brücke in Brügge

Start- und Endpunkt
Von Dover nach Wales und
an der Südküste Englands entlang

Streckenlänge
1525 km

Fahrzeit
ca. 20 Std. 40 Min.

Highlights
Bücherdorf Hay-on-Wye
Gower Peninsula
Exmoor-Nationalpark
Jurassic Coast

TOUR 25

GROSSBRITANNIEN

Großbritannien

ZU EINEM BÜCHERORT, AN DIE WALISISCHE KÜSTE UND DURCH DIE NATIONALPARKS SÜDENGLANDS

In Dover angekommen, ist es schon etwas speziell, nun auf der linken Straßenseite zu fahren, mit unserem links gelenkten Campervan. Ein mitschauender Beifahrer ist an mancher Kreuzung eine große Erleichterung. Mühsamer ist aber die Geschwindigkeitsanzeige in Meilen. Kopfrechnen bei jeder Anzeige? Nö, Steffi schnappt sich einen Kreidemarker und notiert kurzerhand die Miles per Hour mit dem abwischbaren Stift auf den Tacho. Problem gelöst, nun kann die Fahrt nach Bristol beginnen.

Wir sind aber nicht wegen der Stadt hier, sondern weil in der Nähe die ersten Ziele liegen. In Bristol am Rande eines großen Parks schlafen wir, bevor es am nächsten Tag zum Wandern in die Cheddar Gorge geht.

Freistehplatz Bristol–Westbury Park
B4054, Parrys Ln, Bristol (Park4Night)
51°28'42.2"N 2°37'08.9"W

Typisch englisch ist heute das Wetter. Es nieselt, Nebel schränkt die Sicht ein. Selbst im Besucherzentrum der Cheddar Gorge wird uns abgeraten, die Wanderung auf die Felsen der Schlucht hinauf zu machen – es sei zu rutschig und Fernsicht hätten wir sowieso keine. Also begnügen wir uns mit einer Fahrt zwischen den hohen Felsen hindurch und machen nur eine kleine Wanderung im flacheren Terrain.

In Clevedon am Bristolkanal scheint die Sonne, das wollen wir nutzen und erkunden den Ort zu Fuß. Typisch britische Häuser mit sehr gepflegten Gärten, an der Küste steht ein schöner Pier. Wer ihn betreten will, muss allerdings ein paar Pfund bezahlen. Bei einem Eis tanken wir noch etwas Sonne, dann fahren wir zur Wasserburg Caerphilly Castle weiter, womit wir bereits die Grenze nach Wales überquert haben. Erst spazieren wir durch den weitläufigen Park, bevor wir über die Brücke das Eingangstor zur Burg passieren. Eine Drachenausstellung ist gerade im Burghof und auch die Räumlichkeiten der Festung selbst können besichtigt werden.

Ein Exmoor-Pony im Exmoor-Nationalpark

Auf dem Weg nach Hay-on-Wye gehen wir einkaufen und finden heraus, dass bei den großen Supermärkten fast immer eine Tankstelle ist und dort die Kraftstoffpreise am niedrigsten sind. Für einen Liter Diesel bezahlen wir bei Tesco 1,18 Pfund (ca. 1,36 Euro). Gegen Abend kommen wir in Hay-on-Wye an und übernachten auf einem großen Parkplatz am Rande einer Wiese.

Stellplatz Hay-on-Wye
Offa's Dyke Path, Hay-on-Wye (Park4Night)
52°04'21.5"N 3°07'31.2"W

Heute geht es ins Paradies von Steffi: Hay-on-Wye ist das erste und noch immer größte Bücherdorf der Welt! Ganze Häuser sind vom Keller bis zum Dachstock voll mit Büchern. Neue Bücher, alte Bücher, Romane, Sach- oder Fachbücher, historische Bücher – ein Traum für jede Leseratte. Über 40 Antiquariate, also Buchhandlungen, die sich auf den Handel mit gebrauchten Büchern spezialisiert haben, und zahlreiche normale Buchhandlungen gibt es im Ort. Auch in den Gassen gibt es Regale mit Büchern, in der Touristeninformation können welche gekauft werden, in den Cafés und selbst im Schlossgarten können Bücher gegen eine kleine Spende erworben werden. Gut, dass wir nicht an der Begrenzung des Zulassungsgewichtes unseres Campers kratzen, Steffi bringt mit einem Strahlen auf dem Gesicht locker fünf Kilo Bücher mit. Jetzt aber schnell weg hier, obwohl der Ort zugegeben sehr schön ist.

Am nächsten Tag gehen wir im Brecon-Beacon-Nationalpark wandern. Wir besuchen dafür erst das Besucherzentrum des Nationalparks und werden dort so nett bedient, dass wir kaum mehr rauskommen. Ja, die Briten sind Reisenden gegenüber sehr aufgeschlossen und plaudern gern. Da es im Brecon-Beacon viel Moorfläche gibt, wurde uns einer der etwas trockeneren Wege empfohlen. So spazieren wir über Wiesen und Trampelpfade bis zum Twyn-y-Gaer-Aussichtspunkt und auf einem anderen Weg zurück zum Camper. Auf dem Erwlon Caravan & Camping Park kommen wir gegen Mittag an und haben so Zeit, die Waschmaschine ausgiebig zu testen.

Erwlon Caravan & Camping Park
Brecon Rd., Llandovery
Tel. +44 1550 72 10 21, www.erwlon.co.uk
Ganzjährig geöffnet
51°59'37.8"N 3°46'55.1"W

Zurück am Meer ist der heutige Tag den Klippen und Stränden gewidmet. Über die A4118 fahren wir ab Swansea auf die Gower Peninsula hinaus. Die Straße ist eng, am Wegesrand wachsen hohe Hecken, kreuzen ist schwierig – immerhin hat sich Steffi schon gut an den Linksverkehr gewöhnt. Den ersten Halt machen wir bei der Three Cliffs Bay.

Oben: Mit der Irish Ferry geht's schließlich von Wales nach Irland
Unten: In einer Buchhandlung in Hay-on-Wye

IRISH FERRIES
ISLE OF INISHMORE

Fire exit
Rottweiler
Tiger Haven

Dazu parken wir beim Three Cliffs Bay Holiday Park und gehen zu Fuß zur Bucht. Die ersten Blicke von oben herunter sind richtig toll. Eine mit Sand gefüllte Bucht, von links kommt eine Felsenkette bis zum Meer vor und an deren Ende stehen drei markante Klippen – Three Cliffs Bay halt. Wir steigen ganz hinab und bemerken bald, dass die Flut einsetzt, da die Klippen langsam nasse Füsse bekommen. Weil wir es ihnen nicht gleichtun wollen, gehen wir zurück. Es folgt ja noch mehr.

In Rhossili parken wir beim Worms Head, wo wir auch die Nacht verbringen. Die Aussicht auf den endlosen Strand der Rhossili Bay ist fantastisch. Zu Fuß gehen wir an den Klippen entlang bis zur Landzunge des Worm Heads, perfekter kurz geschorener englischer Rasen am Wegesrand, die Schafe und wilden Hasen machen ihre Arbeit gut. Manchmal sollen hier Seehunde zu beobachten sein, dieses Glück haben wir leider nicht. Dafür gönnen wir uns im Worms Head Bar & Restaurant ein leckeres Abendessen mit frischen Fish & Chips.

Parkplatz für Worms Head
Rhossili, Swansea (Übernachtungsverbot)
51°34'09.0"N 4°17'21.0"W

Oben: Algen-Burger zum Frühstück am Freshwater West Beach
Unten: Wanderung durch den Brecon-Beacon-Nationalpark

Der Küste entlang fahren wir am nächsten Tag bis in den Pembroke-Shire-Coast-Nationalpark, unterwegs umrunden wir noch zu Fuß das Carew Castle. Im Nationalpark angekommen, machen wir eine erste Wanderung zum Stackpole Head. Dafür parken wir den Campervan beim The Boathouse Tearoom und folgen dem Pembroke-Shire-Coast-Path Richtung Westen. Über eine Treppe gelangen wir zum Barafundle Bay Beach hinunter und am Ende wieder auf die Klippen hinauf, dann folgt der Stackpole Head. Auf drei Seiten vom Meer umgeben sehen wir hier auf eine vorgelagerte kleine Insel, die voller Vögel ist. Bei der nächsten Bucht stechen wir wieder ins Hinterland, folgen dem Fishpond-See und erleben hier die Natur nochmals von einer ganz anderen Seite.

Etwas weiter westlich am Freshwater West Beach finden wir eine Parkbucht für die Nacht (heute verboten) und sitzen, bis die Sonne verschwunden ist, draußen am Strand und auf den Klippen.

Alternativplatz: Newton Farm, Pembroke
Rowland anrufen +44 777 04 304 86
www.newtonfarmcampsite.co.uk

Zum Frühstück gibt es Seegras-Burger mit Ei vom Schiffsimbisswagen Café Môle auf dem großen Parkplatz vom Freshwater West Beach. Den Tag verbringen wir noch hier am Strand, abends fahren wir zum Pembroke Dock und dort auf die Fähre nach Irland.

Die Irlandtour folgt im nächsten Kapitel, hier geht es direkt zwei Wochen später nach unserer Rückkehr weiter.

Zurück in Großbritannien legen wir erst mal etwas Strecke bis in den Exmoor-Nationalpark zurück. Das Exmoor ist die Heimat der Exmoor-Ponys und natürlich will Steffi die sehen. Wir folgen der Straße A39 und ab Porlock geht es mit bis zu 25 % Steigung den Hügel hinauf. Am Wegesrand entdecken wir auch schon die ersten halbwild lebenden Exmoor-Ponys. Der Straße folgen wir bis Lynton, wo wir auf dem Channel View Caravan & Camping Park übernachten.

Channel View Caravan & Camping Park
Manor Farm, Barbrook, Lynton
Tel. +44 1598 75 33 49,
www.channel-view.co.uk
Geöffnet vom 15. März bis 15. November
51°13'05.0"N 3°49'45.8"W

Heute nehmen wir mit der B3223 eine noch kleinere Straße, die noch etwas schmaler ist, dafür ist die Natur um uns herum einzigartig. Unberührte Ebenen so weit das Auge reicht, hier sind nur die Ponys für die Landschaftspflege zuständig, und die sehen wir in mehreren Herden. Auch eine ganze Herde Hirsche sehen wir am Wegesrand sowie zahlreiche Fasane. Nur etwas abseits der Route liegt das Tarr-Steps-Woodland-Naturreservat und weil Sonntag ist, wird auch uns im Tarr Farm Inn der Sunday Roast serviert. Den Verdauungsspaziergang machen wir am Barle River entlang, und später besuchen wir noch das Exmoor-Pony-Center, wo Steffi nun die schönen Ponys auch streicheln kann. Ausritte durch den Nationalpark sind hier ebenfalls möglich.

Am späten Nachmittag verlassen wir das Exmoor und fahren an die Südküste Englands, die sich hier Jurassic Coast nennt. In Abbotsbury gefällt es uns schon bei der Durchfahrt so gut, dass wir einen Übernachtungsplatz suchen und dann zu Fuß den Ort sowie die Umgebung erkunden. Es ist so unglaublich schön hier, die Häuser sind super gepflegt, in den Gärten blühen die Blumen in allen Farben. Von den Ruinen der St. Catherine's Chapel genießen wir die Abendstimmung, bevor wir zurück zu unserem Van spazieren.

Freistehplatz Abbotsbury
3 Rodden Row, Abbotsbury,
Weymouth (Park4Night)
50°39'54.4"N 2°35'51.3"W

Das Frühstück nehmen wir in Weymouth auf der Isle of Portland an der Südspitze beim Leuchtturm ein. Danach erkunden wir auch den Chesil Beach, der im Süden aus faustgroßen runden Kieselsteinen besteht und je weiter nördlich man kommt, desto kleiner

Oben: Durch die Gassen des Bücherortes Hay-on-Wye
Unten: Kiesstrand Chesil Beach an der Jurassic Coast

CASTLE SHOPS
Nan Tiques
07971 451663

werden die runden Kiesel. Anhand der Kieselgröße wussten die Fischer vor der Technikzeit übrigens in etwa, auf welcher Höhe des Strandes sie bei dichtem Nebel waren.

Unser Highlight an der Jurassic Coast ist das Durdle Door. Dafür parken wir beim Durdle Door Car Park und gehen zu Fuß den South-West-Coast-Path nach Westen entlang. Schon nach wenigen Metern entdecken wir den Man O'War Beach und dann entdecken wir auch den Durdle-Door-Felsbogen im türkisfarbenen Meer. Die Sandstrände sind schneeweiß, dahinter ragen die hohen Kalksteinklippen empor, die wiederum mit kräftig grünem Gras bewachsen sind. Dazu diese tollen Blautöne des Meeres – es ist wunderschön.

Noch ein gutes Stück weiter östlich kommen wir erst bei Dämmerung auf einem Bauernhof in Eastbourne an, wo wir eine mittelmäßig ruhige Nacht direkt an der Schafsweide haben, da die Tiere die ganze Nacht über blöken.

Stellplatz auf dem Bauernhof Seven Sisters
Beachy Head Road, Eastbourne (Park4Night)
50°45'14.4"N 0°15'03.6"E

Heute ist dann auch schon der letzte Tag in England, den verbringen wir nochmals mit einer Wanderung der Klippe entlang. Wir sind bei den Seven Sisters in East Sussex, wo wir am Beachy Head Lighthouse, das tief unter uns im Meer steht, vorbei bis zum Birling Gap wandern. Dort wird es dann auch wirklich Zeit, einen Cream Tea zu probieren. Was sich wie ein Getränk anhört, entpuppt sich als komplette Mahlzeit: ein Scone mit Erdbeermarmelade, darüber kommt Clotted Cream (eingekochte, zähflüssige Sahne) und dazu ein Tee. Sehr lecker können wir dazu nur sagen. Und dann fahren wir auch schon die letzten Kilometer oder besser gesagt Meilen bis nach Dover, wo wir am Abend dank Flexi-Ticket von DFDS Seaways zum Glück auch schon zwölf Stunden eher die Fähre nehmen können.

Übrigens: Großbritannien zählt als Land: Wales, England oder Schottland sind nur Teile davon und deshalb haben wir uns den weiten Weg nach Schottland auf dieser Tour verkniffen und stattdessen mehr Zeit in Südengland und Wales verbracht. Schottland folgt aber mit Sicherheit in naher Zukunft auch noch.

Oben: Das Durdle Door an der Jurassic Coast
Unten: Blick auf den Leuchtturm der Seven Sisters

Start- und Endpunkt
Von Rosslare der Südwestküste entlang bis zur Dingle Peninsula

Streckenlänge
890 km

Fahrzeit
ca. 14 Std. 50 Min.

Highlights
Wild Atlantic Way
Kenmare
Killarney-Nationalpark
Dingle

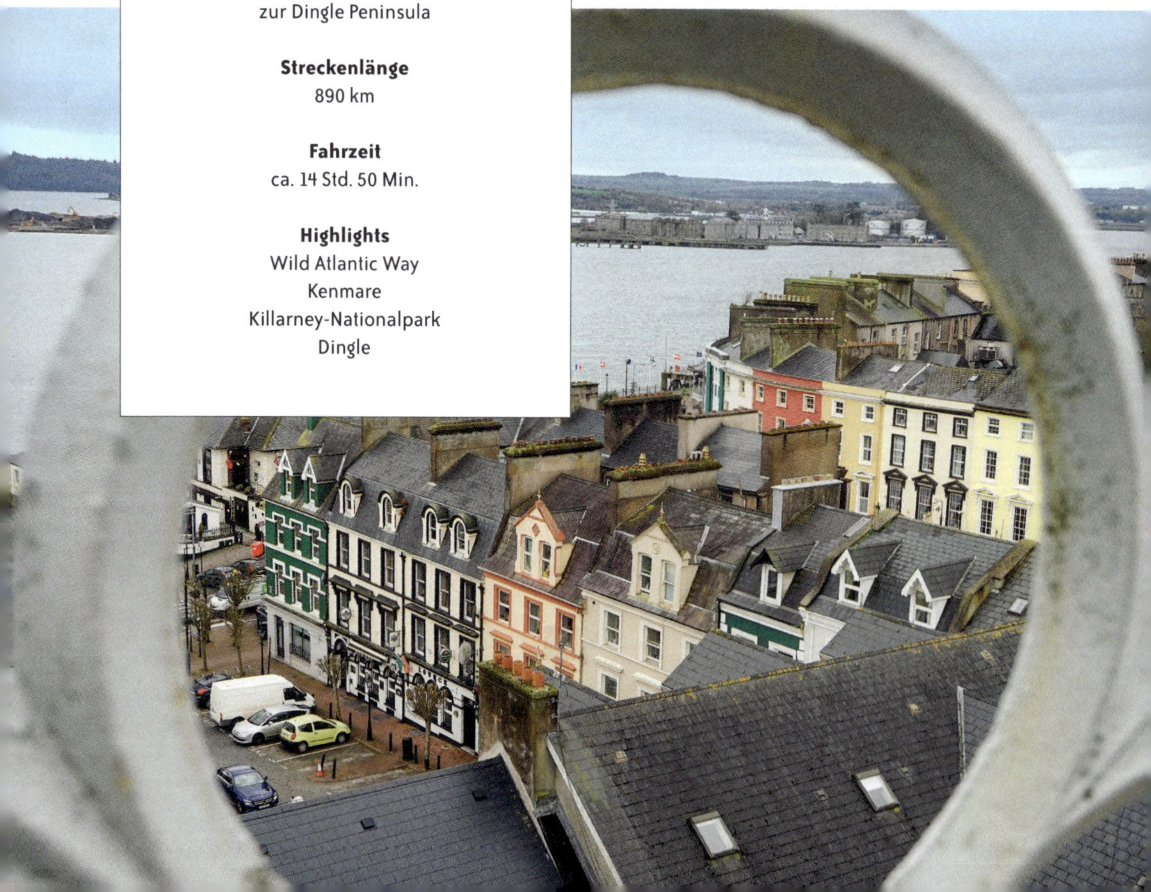

TOUR 26

IRLAND

Irland

QUIRLIGE ORTSCHAFTEN UND DIE NATURHIGHLIGHTS DES SÜDLICHEN WILD ATLANTIC WAY

Früh am Morgen kommen wir mit der Fähre in Rosslare Harbour an und starten die Inselerkundung in Cobh. Früher hieß der Ort Queenstown und unter diesem Namen ist er als Ablegehafen der »Titanic« in die Geschichte eingegangen. Cobh hat ein paar schöne vorzeigbare Ecken, blickt man aber ein bisschen dahinter, bleibt vom Lack nicht mehr viel übrig. Uns sagt es nicht so zu – und wir fahren bald weiter.

Den heutigen Schlafplatz haben wir am Inchydoney Beach gefunden. Ebbe und Flut zeigen hier ihr natürliches Schauspiel und lassen uns mal mehr und mal weniger vom Sandstrand sehen.

Freistehplatz Inchydoney Beach
Inchydoney Island, Clonakilty (Park4Night)
51°35'48.0"N 8°52'07.0"W

Die bunte Altstadt von Cobh ist nicht nur schön.

Nach einem Frühstück in den Dünen erkunden wir nun das Örtchen Clonakilty. Hier gefällt es uns schon besser. Die bunten Häuser sind gepflegter, in der Ashe bzw. Pearse Street spüren wir das Leben förmlich pulsieren. Im Richy's Restaurant & Café essen wir ein traditionelles irisches Frühstück – okay, es ist eher ein Mittagessen in unserem Sinne. Eier, Schinken, Toast, Würstchen und eine Scheibe originaler Clonakilty Black Pudding, vergleichbar mit Blutwurst. Lui mag die Spezialität so gerne, dass wir auf dem Rückweg beim Edward Twomey Butchers selber noch Black-Pudding-Würste kaufen.

Der Wild Atlantic Way ruft: eine 2600 Kilometer lange sehenswerte Strecke der Westküste Irlands entlang. Ab Clonakilty fahren wir den braunen Schildern nach, die uns direkt an der Küste entlangführen. Der Long Beach an der R598 beeindruckt uns, lange bleiben wir auf den schwarzen Klippen stehen und schauen in die Wellen des türkisfarbenen Meeres hinaus. Wir fahren die komplette Mizen-Halbinsel und auch die Sheep's-Head-Landzunge ab, beides kleine unbekannte Routen, die das gesamte Spektrum des Wild Atlantic Way beinhalten: schroffe Felsküsten, wilde Landschaft, bunte Fischerdörfer. Die Straßen sind allerdings sehr eng. Wir sind oft froh, dass wir einen Kastenwagen haben und nichts Breiteres. Zum Ende eines unglaublich tollen Tages checken wir schließlich beim Hungry Hill Camping Site ein.

Hungry Hill Camping Site
Adrigole Harbour, Adrigole
Tel. +353 831 196 659, info@hungryhilllodge-andcampsite.com, Ganzjährig geöffnet
51°41'37.9"N 9°43'30.8"W

Hier in der Bucht von Adrigole sollen sich oft Seehunde sonnen. Tatsächlich können wir sie wenig später vom Ufer aus sehen. Heute widmen wir uns dem Beara-Ring, der kleinen Schwester des berühmten Kerry-Rings. Wir staunen erneut über die fantastisch wilde Natur, die bunten Dörfer wie zum Beispiel Eyeries und genießen unterwegs die grandiosen Aussichten. Irgendwo am Straßenrand in einer Haltebucht können wir uns von der einzigartigen Aussicht kaum lösen, also flitzt Steffi schnell in den Campervan und zehn Minuten später essen wir mit diesem Blick unser Mittagessen. Reisen mit dem Camper ist einfach genial! Zum Ende des Beara-Rings kommen wir in Kenmare an und sind schockverliebt! Ein kleiner Ort mit einer pulsierenden Straße voller Leben, den bunten Häusern samt den typisch irischen Schriftzügen drauf. Und dass es mehr Pubs als Friseurläden gibt, ist ja wohl selbstverständlich. Auch wir gehen in eines, sind überwältigt von dem Charme drinnen, Feuer im Kamin inklusive.

Da wir etwas Zeitdruck haben, müssen wir uns zwischen dem Kerry-Ring und der Dingle-Halbinsel entscheiden, die Wahl fällt auf Letztere. Also nehmen wir die N71 in den Killarney-Nationalpark, eine ebenfalls sehr sehenswerte Strecke, die oft durch Moorlandschaften und Waldgebiete führt. Kurz vor dem Ort Killarney wandern wir noch zum Torc-Wasserfall. Auf einer Anhöhe hinter dem Wald finden wir einen schönen Freistehplatz mit Blick auf den Lough-Leane-See.

Waldparkplatz bei Killarney
In Gortagullane Upper rechts abbiegen
(Park4Night)
52°00'56.5"N 9°28'47.9"W

Genau diesen See umrunden wir am nächsten Morgen und fahren zum Gap of Dunloe hoch. Spätestens bei den Brücken ist für jedes Fahrzeug Schluss, dass breiter als 2,20 Meter ist. Wir kamen mit 2 Metern Breite gerade noch so durch. Kutschen fahren hier etwa ab Mittag entlang, wir waren deshalb bewusst früh vor Ort. Die Natur ist unbeschreiblich schön und herrlich wild, wir könnten die Landschaft ewig einfach nur anschauen.

Oben: Die Klippen in der Nähe des Long Beach auf dem Wild Atlantic Way
Unten: Pubmeile in Kenmare – auch wir landen in einem.

Bella Vita
Life is Beautiful
BREAKFAST
LUNCH &
DINNER
BROSNAN'S
PHARMACY
Lorge
CHOCOLATIER
HOMEMADE
CHOCOLATE
BOKA
THE WHITE ROOM
THE CASHMERE SHOP

Auch die Dingle-Peninsula – also Halbinsel – ist wunderschön. Das Wetter ist uns leider nicht gut gesonnen, so sehen wir von den tollen Ausblicken nicht so viel. Dingle selbst gefällt uns gut. Der kleine Ort besticht mit vielen schönen Häusern und kleinen Geschäften. Uns gefällt Dingle so gut, dass wir im Hafen übernachten und so auch den Abend im Pub & Handwerkergeschäft (ja, tatsächlich beides in einem) Foxy John's ausklingen lassen können.

Parkplatz im Hafen von Dingle
Dingle Harbour, R559, Dingle (Park4Night)
52°08'20.9"N 10°16'37.4"W

Entlang der R560 schließen wir die Runde über die Dingle-Halbinsel ab, speziell der Abschnitt um den Connor-Pass ist nochmals wunderschön. Wir fahren noch bis Tarbert hinauf, ab Tralee finden wir diese Etappe aber nicht sehenswert und drehen um. Das Stück der N71 zwischen Kenmare und Bantry hat nochmals eine tolle Passstraße dabei, und die Straße ist breit genug, dass man die Ausblicke auch wirklich genießen kann.

In Ballydehob übernachten wir an einem Kanal, der bei Flut bis oben voll ist – sogar ein Seehund schwimmt darin – und bei Ebbe ein Weg über den Kanal zum Vorschein kommt.

Freistehplatz Kanal bei Ballydehob
2–12 Store Rd, Ballydehob (Park4Night)
51°33'39.4"N 9°27'25.6"W

Schon ist es Zeit, den Rückweg nach Rosslare einzuschlagen, zehn Tage sind rum und die gebuchte Fähre wartet. Irland hat unser Herz tief berührt, die Landschaften und auch die Leute sind einfach richtig toll. Es kommt sogar mit auf die Liste der Länder, in denen wir uns vorstellen können, zu leben.

Oben: Wanderung an der N71 bei der Derrycunihy Church
Unten: Dank Linksverkehr kann Steffi auch am Steuer die irischen Pferde streicheln.

Start- und Endpunkt
Von Middelburg bis Utrecht

Streckenlänge
252 km

Fahrzeit
ca. 4 Std.

Highlights
Middelburg
Zierikzee
Tulpenblüte bei Lisse

TOUR 27

NIEDERLANDE

Niederlande

INSELHOPPING MIT DEM CAMPER UND STREIFZÜGE DURCH DIE TULPENFELDER

Von Belgien kommend reisen wir direkt in der Provinz Zeeland ein, einer der schönsten Regionen der Niederlande. In Terneuzen nehmen wir den Tunnel und schon sind wir auf der Halbinsel Walcheren. Middelburg ist die Hauptstadt der Provinz und hier landen wir am ersten Abend gleich bei einem Live-Konzert in einer Bar. Am nächsten Tag ist Markt auf dem Hauptplatz vor dem Stadhuis, einem der bedeutendsten gotischen Gebäude der Niederlande. Uns gefallen die Häuser allgemein sehr gut, Lui findet den Ort sogar so toll, dass er einen »I-love-Middleburg-Sticker« auf unseren Campervan klebt!

In Domburg wollen wir an den Strand, im Ort kosten die Parkplätze allerdings 2,20 Euro pro Stunde, etwas außerhalb sind sie kostenlos. Der weiße Sandstrand ist endlos auf beiden Seiten, ein paar Mobilheime stehen da unten, das wäre ja auch was. Wir essen die geräuchte Makrele vom Markt in Middleburg und genießen das herrliche Wetter am Meer.

Oben: Schilderwald an der Nordsee
Unten: Koningsdag in Zierikzee – alles ist hübsch geschmückt.

Unser Kleingeld ist weiterhin sehr gefragt, Parkplatz bei der Touristeninformation, Parkgebühr beim Naturgebiet Oranjezon und dort zusätzlich eine Gebühr für den Eintritt. Über den Tag kommt da ordentlich was zusammen. Im Naturschutzgebiet leben halbwilde Pferde und Damhirsche. Aber auch der Strand von Vrouwenpolder ist schön, besonders bei der Aloha Beach Bar, wo dahinter direkt das Naturschutzgebiet liegt.

In den Niederlanden ist Freistehen verboten, deshalb fahren wir zum Roompot Beach Resort, das auch einen Stellplatz anbietet.

Stellplatz beim Roompot Beach Resort
Kamperland (Park4Night)
51°35'22.6"N 3°42'59.4"E

Heute ist nicht irgendein Tag, heute ist Koningsdag und der wird traditionell natürlich mit viel oranger Kleidung, Feiern und Freimärkten gefeiert, denn am Koningsdag braucht es keine Lizenzen zum Verkauf von Waren auf der Straße. Wir starten den Tag in Zierikzee an einem Flohmarkt mit Liveband und hübsch geschmückten Gassen. Am Oude Haven fallen uns die sehr hübschen Stadthäuser auf, die allesamt oben nach vorn geneigt sind. Grund dafür sind die früher genutzten Seilzüge an den Dachgiebeln.

Über die N57 hüpfen wir von einer Insel zur nächsten, bis wir auf dem Festland bei Rotterdam ankommen. Auch dort werden in jedem Quartier Feste gefeiert, Livebands spielen und Bier wird getrunken. Aber auch die Häuser entlang der verschiedenen Kanäle sind wieder richtig schön. Wir stürzen uns auch hier ins Gemenge der verschiedenen Feste und Märkte, die Stadt spuckt uns erst gegen Abend wieder aus.

Das Schöne an kleinen Ländern ist, wir fahren einfach am Abend noch zum Ziel des nächsten Tages und übernachten schon dort. So fahren wir noch bis Lisse, wo der wohl einzige offizielle Freistehspot in den Niederlanden lag, heute auch verboten. Eingebettet zwischen den bunten Tulpenfeldern standen viele Camper in einer Sackgasse.

Alternativplatz: Camping Sollasi
Duinschooten 14, Noordwijkerhout
+31 252 37 64 37, www.sollasi.nl
52°17'04.8"N 4°30'19.8"E

Rund um Lisse ist es sehr einfach, Tulpenfelder zu finden. Dem Leidsevaart-Kanal entlang erstrecken sich zum Beispiel endlose Tulpenfelder. Wir fahren rund um Lisse ein paar große Bögen und entdecken immer wieder neue Felder und Farben. Wer die volle Blütenpracht nun auch noch in akribisch bepflanzten Beeten sehen will und dabei gerne sehr viele Menschen um sich herum hat, der kann den Keukenhof besuchen – uns hat ein Blick auf die vollen Parkplätze gereicht.

In Utrecht brauchen wir lange, bis wir einen Parkplatz finden. An der Oudegracht – alten Gracht – schlendern wir ins Zentrum hinein, wiederum vorbei an diesen wunderschönen mittelalterlichen Häusern. Im Zentrum selbst ist viel los, und an jeder Ecke gibt es die niederländische Leibspeise, Pommes, mit unzähligen Saucenmöglichkeiten. Man findet aber auch Käsereien, und natürlich können Tulpenzwiebeln gekauft werden. Ja, Utrecht gibt unserer Tour durch die Niederlande einen krönenden Abschluss.

Auf dem Weiterweg Richtung Süden übernachten wir noch ein letztes Mal im Land. Zu Luis Freude haben wir mit dem Camperplaats de Punt zum Schluss nochmals einen schönen Stellplatz an einer Marina gefunden.

Stellplatz Camperplaats de Punt
De Punt, Gorinchem (Park4Night)
51°49'36.7"N 4°57'52.8"E

Oben links: Käselaibe am Markt in Middelburg
rechts: Tulpenfelder bei Lisse
Unten: Kanal und Fahrrad – zwei Dinge, die auch in Utrecht nicht fehlen dürfen.

Noord-Hollands
Belegen
Noord-Hollands Belegen

Start- und Endpunkt
Von Weiswampach bis Luxemburg-Stadt

Streckenlänge
101 km

Fahrzeit
ca. 1 Std. 40 Min.

Highlights
Müllerthal in der Luxemburger Schweiz
Kasematten in Luxemburg-Stadt

TOUR 28

LUXEMBURG

Luxemburg

SCHLÖSSER, WANDERN IN DER LUXEMBURGER SCHWEIZ UND ZU BESUCH IN DER HAUPTSTADT

Unser 33. Reiseland ist Luxemburg und das bereisen wir nicht alleine, sondern werden von unseren Bloggerfreunden Tascha und Patrick alias Patascha's World durch ihr Heimatland geführt. Treffpunkt ist ganz im Norden, und mal wieder kommen wir im tiefroten Bereich der Tankanzeige an, denn jeder weiß, in Luxemburg ist Tanken besonders preiswert und wie wir erfahren, auch an jeder Tankstelle im Land gleich günstig.

Weiswampach lassen wir bald schon hinter uns, fahren Richtung Süden und kommen dabei am Schloss Vianden vorbei. An der Straße 322 gibt es einen Aussichtspunkt (49°55'56.3"N 6°12'06.2"E), von dem aus wir die mittelalterliche Befestigungsanlage komplett übersehen können.

Natürlich führen uns die zwei Blogger auch in die kleine Luxemburgische Schweiz, besser bekannt als Müllerthal. Ab Berdorf folgen wir dem Wanderweg B2, wandern durch den Wald, durch Schluchten, zwischen Felsen hindurch und sogar durch eine Räuberhöhle (Raiberhiehl in der Landessprache). Zurück bei unseren Campervans an der Hammhafferstrooss sitzen wir auch gleich an dem öffentlichen Grillplatz und schlemmen beim gemeinsamen Grillplausch. Im Müllerthal übernachten wir dann auf einem asphaltierten Parkplatz (heute verboten).

Oben: Blick von den Kasematten auf die Altstadt von Luxemburg-Stadt
Unten: Wanderung zu der Raiberhiehl im Müllerthal
Folgende Doppelseite: Das Schloss Vianden vom beschriebenen Aussichtspunkt aus

Alternativplatz: Camping Park Beaufort
Grand-Rue 87, Beaufort
+352 83 60 99 300,
www.campingpark-beaufort.lu
49°50'22.7"N 6°17'20.5"E

Den ersten Kaffee gibt es noch am Übernachtungsplatz, danach fahren wir zum Echternacher See weiter. Dort auf der Holzplattform frühstücken wir ausgiebig und schauen dabei den im See wild lebenden Schildkröten zu. Zum Schluss fahren wir noch nach Stadt Luxemburg, wo wir die Vans am Parking du Glacis parken. Über die Königswiese schlendern wir ins Stadtzentrum und stehen schon bald vor einer Schlucht. Gleich zwei Schluchten ziehen sich durch die Hauptstadt, die wohl speziellste Brücke ist dabei die Adolphe-Brücke, eine Steinbogenbrücke, die seit 2017 eine separate Brücke für Fußgänger und Radfahrer unter sich beheimatet. In der Altstadt kommen wir auch an der Statue der ehemaligen Großherzogin und am noch immer bewohnten Großherzogpalast vorbei.

An einem Pilgermarkt bestellen wir uns zwei der traditionellen Speisen: Gromperekichelcher

(Kartoffelpfannkuchen) sowie Choucroute (Brötchen mit Wurst und Sauerkraut).
Einen tollen Blick auf die untere Altstadt gibt es von den Kasematten aus, dieser unterirdische Tunnelkomplex diente als Luftschutzkeller und kann heute besichtigt werden. Und dann wird es auch schon langsam Zeit, Äddi zu sagen – das luxemburgische Tschüss. Klein aber fein, so können wir das Land schließlich beschreiben.

Start- und Endpunkt
Von Rømø bis Skagen

Streckenlänge
527 km

Fahrzeit
ca. 7 Std. 50 Min.

Highlights
Ribe
Tversted Naturlegeplads
Råbjerg Mile
Skagen

TOUR 29

DÄNEMARK

Dänemark

DER KÜSTE ENTLANG SAMT SANDDÜNEN UND LEUCHTTÜRMEN BIS ZUR NORDSPITZE

Unsere Skandinavientour startet in Dänemark. Dort besuchen wir als Erstes Rømø, eine vorgelagerte Insel, die über einen Damm erreichbar ist. Bei Lakolk kann der Strand auch mit Campern befahren werden, übernachten ist aber nicht erlaubt. In Dänemark ist das wilde Campen verboten, im Fahrzeug lediglich übernachten ist wie in vielen Ländern eine dunkelgraue Zone. Wir hatten außerhalb der Saison und auf gut ausgewählten Plätzen keine Probleme, weisen aber ausdrücklich darauf hin, dass jeder dafür seine eigene Verantwortung trägt.

Am späten Nachmittag kommen wir in Ribe an. Dort parken wir auf dem stadteigenen Stellplatz und gehen zu Fuß ins Zentrum. Schon der Weg dorthin führt an wunderschönen Häusern vorbei, überall blühen Blumen, und es ist alles sehr gepflegt. Wir erwischen gerade noch den täglich um 20 Uhr startenden Rundgang mit dem Nachtwächter am Torvet und erkunden mit ihm zusammen den ältesten Ort Dänemarks. Ribe gefällt uns richtig gut, und auch nach der Führung spazieren wir noch gemütlich durch die Gassen.

Kostenloser Stellplatz Ribe-Zentrum
Stampemøllevej 1, Ribe
55°19‘28.7“N 8°45‘27.5“E

Auf dem Stellplatz in Ribe stehen wir wirklich Tür an Tür mit anderen Campern, deshalb fahren wir schon frühmorgens an den Strand von Skallingen und parken am Ende der Skallingevej-Straße. Der Strand ist länger, als wir überhaupt sehen können – in beide Richtungen. Erst am Nachmittag verlassen wir den Strand wieder und wollen im Farm Café in Nørre Nebe von den berühmten Kuchen naschen. Das Lokal ist aber leider bis auf den letzten Platz voll, und so ziehen wir ohne Kuchen weiter.

In der Nähe von Ringkøbing finden wir einen schönen Freistehplatz an einem Fjord, wo wir die Nacht verbringen (heute verboten).

Oben: Typische Spezialitäten-Platte im Café Slugten in Lønstrup
Unten: Mit dem Nachtwächter durch Ribe

Alternativplatz: Stellplatz Ringkøbing
Fiskerstræde 60, Ringkøbing
56°05'10.6"N 8°14'26.5"E

Am nächsten Tag soll es richtig heiß werden, wir wollen an den Strand von Fjaltring und fahren auch direkt dorthin. Früher durfte man hier auch übernachten, bei unserem Besuch steht ein Verbotsschild dort. Also gehen wir einfach baden und genießen den Tag hier. Auf dem Wohnmobilstellplatz in Handbjerg bekommen wir noch einen Platz und übernachten somit mal wieder in einer Marina.

Diesen Stellplatz haben wir übrigens mit der App DACF-Wohnmobilverband Dänemark gefunden, wo viele offizielle Stellplätze sowie Bauernhöfe vermerkt sind.

Wohnmobilstellplatz Handbjerg
Handbjerg Marina 12, Vinderup
56°28'47.4"N 8°43'05.1"E

Vor uns liegt der Nationalpark Thy, er ist der älteste Nationalpark Dänemarks. Nebst vielen Vögeln leben hier große Hirschbestände und sogar der Fischotter fühlt sich wohl. Auf dem Isbjerg-Parkplatz wollen wir eine Wanderung starten, aber es regnet und stürmt. Die Nacht verbringen wir, auf besseres Wetter hoffend, hier, eine Kuhherde zieht in den Morgenstunden an uns vorbei, das gute Wetter haben sie aber auch nicht mitgebracht. Also fahren wir noch weiter.

Freistehplatz Isbjerg, Nationalpark Thy
Hindingvej 45, Thisted
57°02'27.3"N 8°36'59.6"E

Es gibt aber auch Menschen, die freuen sich über den vielen Wind. In Hanstholm beobachten wir Kite- und Windsurfer, die jetzt voll auf ihre Kosten kommen. Wir gehen selber den Strand noch ein Stück ab und brechen dann auf nach Løkken. Bei der Mole kann der Strand ebenfalls befahren werden, wir stecken allerdings schon viel früher im Sand fest … Denn auch hier herrscht Sturm und einige Sandverwehungen auf der Straße sind so tief, dass unser Camper festsitzt. Wir lassen die Reifen so lange durchdrehen, bis die Räder sich auf den Asphalt hinuntergegraben haben und wir freikommen, von Fahrten auf dem Strand wollen wir deshalb heute aber nichts mehr hören.

Den Campingplatz mit Bauernhofflair in Løkken haben wir ebenfalls in der App DACF gefunden. Hier sitzen wir den Sturm aus und bemerken erstmals, wie viel länger es abends so hoch im Norden hell ist.

Oben: Schönes Wohnquartier in Ribe
Unten: Der Leuchtturm Rubjerg Knude auf einer Wanderdüne
Folgende Doppelseite: Unterwegs auf der riesigen Wanderdüne Råbjerg Mile

15

Café Slugten
Strandvejen 96, Lønstrup
Tel. +45 98 96 06 33, www.cafeslugten.dk
Im Sommer täglich von 11:30 bis 22 Uhr geöffnet.
57°28‘22.1“N 9°47‘50.7“E

Camping Parking Løkken
Løkkensvej, Løkken
57°23‘22.6“N 9°46‘27.6“E

Sonnenschein und blauer Himmel, das schöne Wetter ist zurück und wir nutzen es zur Erkundung des Rubjerg Knude, einem Leuchtturm auf einer Wanderdüne. Und weil die Düne, auf der der Leuchtturm steht, langsam Richtung Inland zieht, wird ihm wohl in den nächsten Jahren der Boden unter seinem Sockel wegbröckeln und er wird ins Meer stürzen.

Lønstrup ist der nächste Ort nördlich, und dort gehen wir im Café Slugten essen. Wir nehmen eine Fiskeplatte und können so gleich mehrere typisch dänische Speisen probieren.

Danach schlendern wir noch etwas durch das hübsche Dorf, gehen bis zum Lønstrup Klint, dem Strand, und folgen nun der Küste über die Dünen. Der Weg führt uns in einem Bogen zurück ins Ortszentrum, wo wir wieder in unseren Campervan steigen und zum Tversted Naturlegeplads fahren. Auf dem Parkplatz stellen wir den Camper gleich für die Nacht ab, wandern noch durch den Wald bis ans Meer vor und grillen später auf dem großen Grill- und Spielplatz. Es ist ein richtig idyllischer Ort.

Die nördlichste Spitze Dänemarks rückt schließlich immer näher, auf dem Weg dorthin machen wir aber noch einen Abstecher zur Råbjerg Mile. Eine riesige begehbare Dünenlandschaft, die sich bis zu 15 Meter jährlich nach Westen bewegt. Sie kam einst aus der Nordsee und wird Schätzungen

zufolge im Jahr 2160 komplett in der Ostsee verschwunden sein. Eine Fläche von 120 Hektar bedeckt diese Sandlandschaft, und wir kraxeln irgendwo dazwischen herum, erklimmen die Dünenkämme und haben eine fantastische Weitsicht bis zum Meer.

Freistehplatz Tversted Naturlegeplads
Tranevej, Bindslev
57°36'10.1"N 10°14'12.9"E

Und dann wird es Zeit für Skagen. Erst schlendern wir durch den nördlichsten Ort in Dänemark, die Gassen sind allerdings wegen zwei Kreuzfahrtschiffen, die heute hier vor Anker liegen, sehr voll. Wir fahren nochmals ein Stück nach Norden und legen die letzte Strecke bis zum nördlichsten Punkt am Strand Grenen zu Fuß zurück. Manchmal sollen hier Robben am Strand liegen, die haben sich bei dem großen Ansturm heute aber längst verzogen. Ganz an der Spitze erkennen wir es mit eigenen Augen: Die Wellen kommen von rechts sowie von links. Hier treffen sich Nord- und Ostsee oder genauer die Meeresgebiete Skagerrak und Kattegat. An einem anderen Tag wäre das bestimmt ein einmaliges Erlebnis gewesen, heute mit gefühlt Hunderten anderen Menschen zusammen ist es natürlich schwierig, tiefe Empfindungen zu verspüren. Trotzdem war es für uns sehr beeindruckend zu sehen.

Zum Sonnenuntergang sind wir bereits auf der Fähre unterwegs nach Göteborg in Schweden. Dänemark hat uns positiv überrascht. Wir waren zuvor schon mit Auto und Zelt im Land und wurden nicht so recht warm. Aber jetzt auf dieser Tour haben wir wirklich spannende und sehr schöne Orte sowie Landschaften entdeckt. Und auch die Infrastruktur für Camper ist gegeben, wenn auch das freie Campen eigentlich verboten ist und speziell während der Hauptsaison geahndet wird.

Start- und Endpunkt
Von Göteborg bis Gustavsfors und von Östersund bis in den Abisko-Nationalpark

Streckenlänge
1382 km

Fahrzeit
ca. 18 Std. 40 Min.

Highlights
Schären-Inseln
Glaskogen-Nationalpark
Trollforsen
Samenmuseum in Jokkmokk
Abisko-Nationalpark

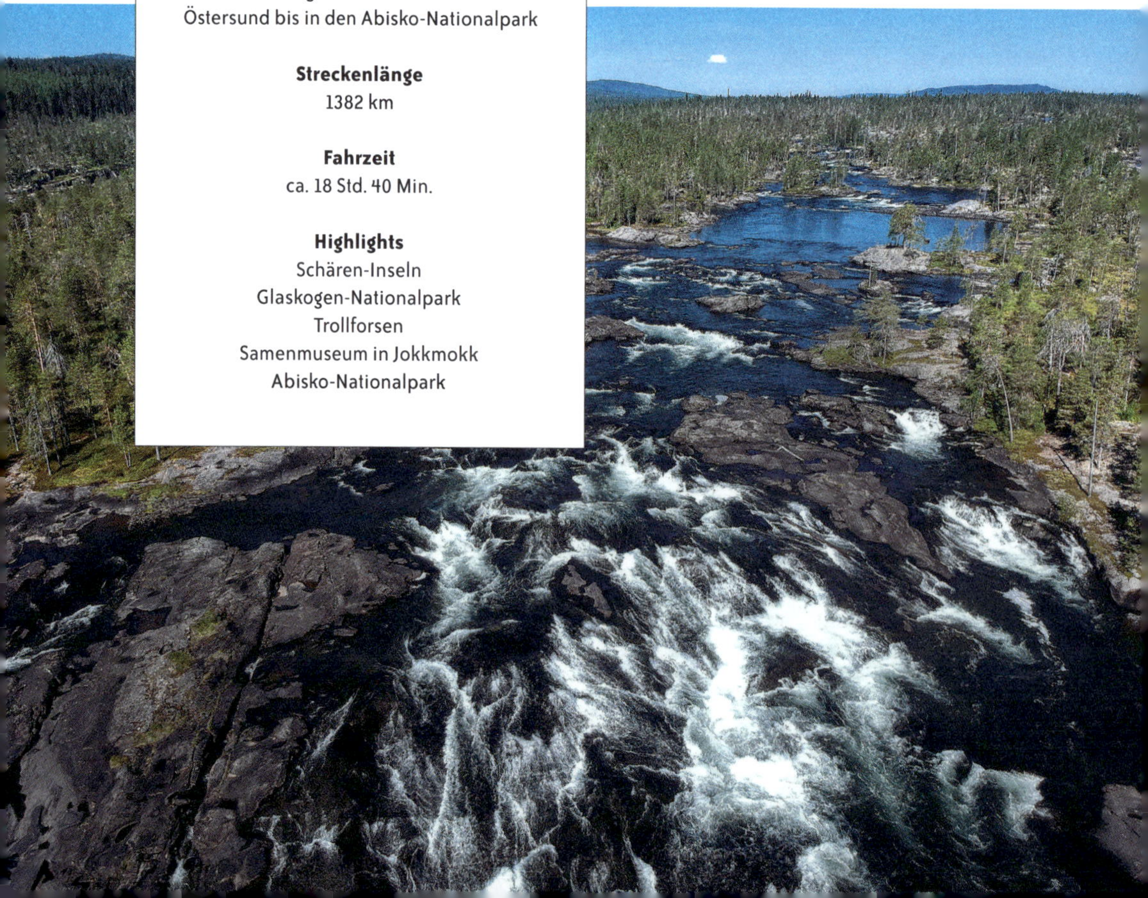

Schweden

CAMPERTRAUM IM GLASKOGEN-NATIONALPARK UND DURCH SCHWEDISCH-LAPPLAND

Mitten in der Nacht kommen wir per Fähre in Göteborg an und fahren gleich noch aus der Stadt hinaus an den Stensjönsee zum Übernachten. Im Stadtteil Haga treffen wir Steffis Freundin. Es ist ein hippes Viertel mit Vintage-Läden und netten Cafés, in denen es frische Zimtschnecken gibt. Der Botanische Garten etwas südlich von Haga gefällt uns gut, in ihm verborgen ist der Kinderzoo, in dem die Wildtiere Schwedens in großen Gehegen leben. Auf dem Rückweg schlendern wir auf der Kungsportavenyn entlang, eine der zentralen Straßen mit Geschäften und Cafés. In der Feskekörka auf der anderen Kanalseite werden die Fische zwar nicht angebetet, wie der Name »Fischkirche« vermuten lässt, dafür in der Markthalle und den Restaurants darin verkauft. Auf eine etwas andere Art und Weise werden die Schätze des Meeres hier also schon verehrt.

Unseren Campervan haben wir übrigens dann doch noch etwas zentraler umgeparkt und stehen für ein paar Nächte auf dem Liseberg Camperarea Skatås – nicht auf dem Campingplatz, sondern auf dem Stellplatz etwas darüber.

Oben: Überquerung des 66. Breitengrades – den Polarkreis in Schweden
Unten: Spektakuläre Stromschnellen Trollforsen am Övre Trollselet-See
Folgende Doppelseite: Soeben überquert, jetzt blicken wir auf die Tjörnbron Brücke zurück.

Stellplatz Liseberg Camperarea Skatås
Skatåsvägen 25, Göteborg
Tel. +46 31 84 02 00
Geöffnet vom 1. Mai bis 3. November
57°42‘10.3“N 12°02‘07.3“E

Eines der schönsten Highlights rund um Göteborg erkunden wir aber erst beim Verlassen der Stadt: die Schären-Inseln. Wir wählen unsere Route so, dass wir an der Küste entlang auf den Hauptstraßen sowie über Tjörn und Orust fahren. Die Aussichten auf die zerklüfteten Küstenabschnitte oder eben Schären-Inseln sind richtig toll. Am frühen Abend kommen wir am Vänernsee an und entdecken einen tollen Freistehplatz am Waldrand. Schnell ist ein Feuer gemacht und wir sind in Grillstimmung. Umgeben von Wald, am Ufer des Sees und ganz alleine sogar ohne Stechmücken – ja, so macht Vanlife richtig Spass.

Freistehplatz am Vänernsee
5 Slottet, Mellerud (Park4Night)
58°36'12.1"N 12°36'06.4"E

Stellplatz Karlstadt
11 Treffenbergsvägen, Karlstad (Park4Night)
59°22'18.0"N 13°29'21.0"E

Die Fußball-WM hat begonnen und Lui hat in Karlstadt eine Sportsbar herausgesucht. Wir tuckern somit weiter dem Vänernsee entlang und schauen uns am Abend das Spiel an. Die Nacht haben wir auf dem offiziellen und kostenlosen Wohnmobilstellplatz von Karlstadt verbracht.

In unserem Straßenatlas haben wir uns ein paar sehenswerte Strecken für heute rausgesucht. Der Straße 62 folgen wir nach Norden, sind schon bald von Wald umgeben. Und da: Ein Elch hüpft von der Straße über eine Leitplanke und verschwindet im Wald. Unser erster Elch in freier Wildbahn.

In Ekshärad biegen wir nach links auf die Straße 239 ab, eine ebenfalls sehenswerte Strecke, und fahren weiterhin durch tolle Landschaften gespickt mit den typischen rot-weißen Häusern. Noch ein Stück, dann sind wir im Glaskogen-Nationalpark und finden einen absoluten Traum-Freistehplatz. Dort lassen wir unser Kanu zu Wasser, machen ein Feuer und grillen zum Abendessen. Erst Wochen später erfahren wir, dass im ganzen Naturpark das freie Übernachten verboten ist, die Stelle behalten wir deshalb für uns und geben nur den Tipp mit dem Glaskogen Camping in Glava weiter.

Bei uns steht mal wieder Wäschewaschen an, auf dem Vammervikens Camping gefällt es uns so gut, dass wir gleich um ein paar Nächte verlängern. Ein Albino-Elch soll seit Jahren in der Gegend leben, wir sehen auf unseren ausgiebigen Streifzügen jedoch noch nicht mal einen normalen braunen Elch. Schön waren die Wanderungen trotzdem.

Vammervikens Camping
Vammerviken, Väg 172, Gustavsfors
Tel. + 46 531 201 07,
info@vammervikenscamping.se
Geöffnet vom 15. Mai bis 15. September
59°13'22.3"N 12°07'52.0"E

Als wir nach ein paar Tagen weiterfahren, überqueren wir nach wenigen Kilometern auch schon die Grenze zu Norwegen. Wir machen dort eine beeindruckende Tour durch den Süden und kommen weiter im Norden nochmals zurück nach Schweden. Mit dieser zweiten Etappe geht es hier weiter, die Norwegentour folgt im Anschlusskapitel.

Zurück in Schweden fahren wir via Östersund auf die E45, die uns nun durch Schwedisch-Lappland bringt. Wir wollen die Mitternachtssonne auf jeden Fall noch sehen, deshalb müssen wir uns etwas ranhalten.

Den Abstecher zum See Övre Trollselet mit seinen spektakulären Stromschnellen, den Trollforsen, lassen wir uns aber nicht nehmen und fahren die gut 15 Kilometer über Schotterstraßen bis an den See, wo wir auch übernachten. Ein Wanderweg führt uns vom Seeufer zu den Stromschnellen des Zuflusses hinauf. Die Landschaft mit dem darin eingebetteten wilden Fluss ist unglaublich schön.

Freistehplatz Övre Trollselet See
Straße ohne Namen, Moskosel
66°01'28.5"N 19°16'22.3"E

Am nächsten Tag erreichen wir den magischen 66. Breitengrad – den Polarkreis. Bis hierhin scheint am längsten Tag des Jahres um Mitternacht die Sonne. Wer auf der E45 fährt, kann das große Schild nicht verpassen. Lui möchte eine Urkunde zur Erinnerung und holt sich diese im Besucherzentrum etwas oberhalb des Parkplatzes ab.

Oben: Etwas andere Verkehrsteilnehmer in Schwedisch-Lappland: Rentiere
Unten: Unterwegs im Abisko-Nationalpark

Etwas nördlicher liegt Jokkmokk, wo wir das Samenmuseum Ájtte besuchen. Mittels einer Informationsbroschüre, die es auch auf Deutsch gibt, erkunden wir die Räume und lernen sehr viel über die Samen, die Ureinwohner Lapplands, aber auch über die Flora und Fauna sowie natürlich über die Rentiere. Denen begegnen wir nun auch auf der Straße immer häufiger. Beim ersten halten wir noch an und machen Fotos, dann passen wir nur noch gut auf, dass sie nicht vor den Campervan rennen.

Ganz im Süden des Muddus-Nationalparks, wo der Fluss Lule wegen eines Staudamms zu einem See herangewachsen ist, machen wir eine Wanderung. Ab dem Besucherzentrum führt ein gut ausgebauter Weg durch den Wald, wo aktuell allerlei Beeren reif sind, bis zu einem weiteren Fluss. Am Abend übernachten wir am Ufer des Sees und hüpfen sogar noch rein.

Freistehplatz beim Muddus-Nationalpark, Lichtung am See
E45 nach Damm verlassen, unter der Straße durch und einige Km fahren
66°47'00.1"N 19°59'17.0"E

Am nächsten Tag schauen wir uns Kiruna an. Die nördlichste Stadt Schwedens mit dem großen Erzbergwerk gefällt uns nicht besonders, deshalb fahren wir gleich weiter in den Abisko-Nationalpark, wo wir kurz davor einen Parkplatz im Grünen zum Übernachten finden. Die Berge sind noch etwas im Weg, aber um Mitternacht sehen wir noch immer die Sonnenstrahlen hinter den Wolken vorgucken. Echt speziell!

Freistehplatz vor dem Abisko-Nationalpark
Parkplatz an der E10 kurz vor Abisko
68°20'49.0"N 18°56'59.3"E

Erst schauen wir uns am nächsten Morgen im Besucherzentrum des Abisko-Nationalparks um, dann starten wir eine Wanderung in die Heide, durch die Birkenwälder und stapfen tapfer durchs beeindruckende Hochmoor. Der bekannte Fernwanderweg Kungsleden führt hier auch entlang.

Zurück beim Campervan fahren wir ein letztes Mal zum ICA Supermarkt, kaufen nochmals ein paar lieb gewonnene Lebensmittel und verlassen Schweden nun definitiv erneut Richtung Norwegen.

Schweden-Traum: Freistehplatz mit Hängematte im Glaskogen-Nationalpark

OPEL
CH
2.8 DTI

Start- und Endpunkt
Von Nomeland bis Trondheim und von Narvik bis ans Nordkap

Streckenlänge
2264 km

Fahrzeit
ca. 1 Tag 18 Std. 25 Min.

Highlights
Suleskarvegen
Stavanger
Hjelmelandsvågen
Snøvegen
Nigardsbreen-Gletscher
Gamle Strynefjellsvegen
Insel Senja
Angeln am Nordkap

TOUR 31

NORWEGEN

Norwegen

ATEMBERAUBENDE PASSSTRASSEN UND HOCH IM NORDEN DIE LOFOTEN-ALTERNATIVE BIS ZUM NORDKAP

In Norwegen freuen wir uns vor allem auf die gigantische Natur, an Oslo fahren wir deshalb nur vorbei und befinden uns schon ein paar Stunden später auf der höchsten Hochgebirgsstraße in Südwest-Norwegen. Zwischen Nomeland und Lysebotn führt der Suleskarvegen entlang. Vorbei an Schneefeldern, Gipfeln und Bergseen fahren wir bis zum Lysefjord und staunen immer wieder über die faszinierende Landschaft.

In Stavanger übernachten wir auf einem Quartier-Parkplatz, der trotz Straße daneben angenehm ruhig ist.

Freistehplatz Stavanger
50 Tjodolvs gate, Stavanger (Park4Night)
58°57'32.9"N 5°43'23.3"E

Stavanger selbst ist ein überschaubarer Ort, wir erkunden das Zentrum und die Altstadt, wo uns die Øvre-Holmegate-Straße mit ihren bunten Holzhäusern besonders gut gefällt. Am alten Hafen trinken wir abends noch etwas und lassen den Abend ausklingen.

Oben: Mitternachtssonne auf Senja
Unten: Øvre-Holmegate-Straße mit ihren bunten Holzhäusern in Stavanger

Mit der Fähre setzen wir am nächsten Morgen nach Tau über, lassen den Preikestolen bewusst aus und nehmen stattdessen die Straße 13, die als sehenswerte Strecke gekennzeichnet ist. Wir folgen ihr, genießen die Aussicht an den Fjorden entlang und kommen schlussendlich in Hjelmelandsvågen an, wo wir in einem kleinen Hafen übernachten.

Stellplatz Hjelmelandsvågen
Fv644 9, Hjelmeland (Park4Night)
59°14'14.6"N 6°10'44.9"E

Nach Nesvik nehmen wir die Fähre, biegen danach ein paarmal ab und gelangen auf die atemberaubend schöne Gebirgsstraße Birkelandsvegen, gekennzeichnet als Straße 520. Die Strecke zieht sich über Kilometer durch eine beeindruckende Landschaft. In Håra kommen wir zurück in die Zivilisation, vorbei am Låtefossen (»fossen« heißt Wasserfall) geht es nach Odda, wo wir kurz vor Tokheim am See einen Parkplatz zum Übernachten gefunden haben.

Parkplatz vor Tokheim
Fv550 121, Odda
60°04'46.7"N 6°31'43.9"E

Trolltunga lassen wir aus, eine kurze Recherche ergab, dass allein der Parkplatz für den berühmten Felsvorsprung 62 Euro kostet. Einfach unglaublich, denn Norwegen bietet so viele tolle Landschaften andernorts umsonst. Unser heutiges Highlight heißt Snøvegen, auf Deutsch »Schneestraße«. Auf dem Weg dahin stoppen wir in Gudvangen sowie in Flåm, um die Aussichten auf den Nærøyfjord und den Auerlandsfjord zu genießen. Im zweiten Fjord verlässt gerade ein Kreuzfahrtschiff den Hafen und zwischen den gigantischen Bergen sieht es von hier oben eher wie ein kleines Spielzeugboot aus.

Kurz vor dem Lærdal-Tunnel biegen wir ab und fahren die steil ansteigende schmale Nebenstraße hinauf. Wir sind froh, dass wir hier erst gegen Abend hinauffahren und deshalb kaum Gegenverkehr haben. Bei der Aussichtsplattform Stegastein schauen wir auf den Auerlandsfjord hinunter, der eingerahmt zwischen den Bergen liegt. Worte reichen nicht zur Beschreibung, es ist so schön. Und dann kommt das Hochgebirge. Teilweise liegt noch etwas Schnee, es gibt viele Seen und diese karge felsige Landschaft. Es ist unbeschreiblich schön. Irgendwo mittendrin kochen wir uns Abendessen, das wir draußen in dieser einmaligen Natur genießen. Wir sind einfach nur sprachlos und zutiefst dankbar, dass wir das alles erleben dürfen.

Kurz vor Lærdalsøyri übernachten wir schlussendlich am Ufer des Lærdalfjords, eines Seitenarmes des Sognefjords, dem längsten und gleichzeitig tiefsten Fjord Europas.

Freistehplatz am Lærdalfjord
Fv243, Lærdal (Park4Night)
61°06'12.6"N 7°25'54.7"E

Schon wieder gibt es eine Fährfahrt zum Frühstück, meistens kosten die pro Fahrt zwischen 10 und 15 Euro. Die Maut für Autobahnen, Tunnel oder auch spezielle Straßenabschnitte wird hingegen erst nach der Reise fällig. Auf der Internetseite www.vegvesen.no können die Mautgebühren nachgeschaut werden, leider ist die Seite nur auf Norwegisch. Im Menü rechts oben muss der Punkt »Bomstasjoner« angewählt sein, und schon verrät ein Klick auf die entsprechende Strecke die fälligen Gebühren.

Auf dem Weg zum Nigardsbreen gefällt uns die Strecke ab Gaupne, wo die Straße 604

Oben: Unterwegs auf der Hochgebirgsstraße Suleskarvegen
Unten: Aus dem Fluss gefischtes Eisstück am Nigardsbreen

comewithus2.com

direkt am Fluss Jostedøla entlangführt, besonders gut. Der türkisen Farbe nach können wir uns in etwa denken, wie kalt das Wasser sein muss. Am Parkplatz angekommen, ist der Blick auf den Nigardsbreen-Gletscher fantastisch: der türkisfarbene See, das Geröll und dahinter der blau-weiße Gletscher. Der Weg dorthin führt über Felsen und Geröll, die Wanderschuhe waren trotz der Wärme heute eine gute Idee. Der letzte Aufstieg über glatt geschliffene Felsen führt am Gletscherfluss vorbei, der immer wieder Eisbrocken mitführt. Steffi fischt ein faustgroßes Stück heraus und wir staunen beide, wie glasklar das Eis ist. Wir gehen ganz nah an den Gletscher hin und berühren ihn. Mit jedem Schritt näher heran sinkt die Temperatur. Überall tropft und knackt es, klar bei Sonnenschein und rund 25 Grad. Ein tolles Erlebnis.

Noch ein Stückchen fahren wir weiter Richtung Norden, dann sollten wir mal wieder schlafen, auch wenn es nicht mehr dunkler als Dämmerung wird.

Freistehplatz am Fluss
E39, nördlich von Klakegg (Park4Night)
61°38‘16.5“N 6°31‘20.9“E

Oben: Der Nigardsbreen ist ein beeindruckender Gletscher
Unten: Schotterpiste der Route 258 – der Gamle Strynefjellsvegen

Heute geht die Fahrt zur nächsten Gebirgsstraße los. Natürlich nehmen wir erst mal die Fähre, bevor wir bis Videsæter fahren. Dort biegen wir kurz vor dem Tunneleingang rechts ab, hier beginnt die Route 258 und somit der Gamle Strynefjellsvegen. Nach einem steilen Aufstieg wird die asphaltierte Straße bald zum einspurigen Schotterweg. Zu unserer Rechten ein kräftig türkisblauer See, vor uns die graue Straße und das Gebirge, dazwischen immer wieder grüne Flecken. Die Sonne steht hoch am Himmel, der von keinem Wölkchen getrübt wird. Und wir zwei fahren staunend mit offenen Mündern kilometerweit durch diese Hochebene. Wie kann eine Landschaft einen nur so berühren, es ist schon wieder unbeschreiblich schön. Die kalte Brotzeitplatte ist schnell bereitet, ein Mittagessen am wohl perfektesten Ort der Welt.

Am Langvatsee fahren wir Richtung Dalsnibba und Geirangerfjord. Die Maut auf den Aussichtspunkt Dalsnibba sparen wir uns und fahren direkt zum Fjord. Ein paar Serpentinen und viel Verkehr später, sind wir am Flydalsjuvet Rock. Ein überfüllter Parkplatz weist uns auf diesen Felsen mit der Aussichtsmöglichkeit hin. Ja okay, die Aussicht auf den Geirangerfjord ist spektakulär, das Kreuzfahrtschiff darin zeigt die Dimensionen dieser Landschaft erst richtig an. Das Gewusel auf dem Parkplatz und der auf einmal dagewesene viele Verkehr zeigt uns aber nur zu deutlich: Wir lieben diese kleinen feinen Passstraßen wie den gerade zuvor gefahrenen Gamle Strynefjellsvegen einfach mehr.

Am Geirangerfjord unten angelangt, fahren wir gleich weiter und es geht an der Seite erneut über Haarnadelkurven hoch hinaus. Ein bisschen Mitleid haben wir ja mit unserem Campervan. Aber der Opel Movano meistert das ganz toll, und die vielen Aussichtsplattformen geben dem gequälten Motor auch immer wieder Pausen.

Ach ja, die nächste Fährfahrt steht natürlich auch schon wieder an. Also los, alle Mann an Bord und hinüber nach Linge. Die Straße auf der anderen Seite führt uns zurück ins geliebte Gebirge. Auf dem Parkplatz des Trollstigen Centers verbringen wir die Nacht.

Freistehplatz Trollstigen Center
Trollstigen 1, Åndalsnes (Park4Night)
62°27'11.2"N 7°39'48.6"E

Am Morgen machen wir noch eine Wanderung, bevor wir selber die Trolltreppen – oder halt eben Trollstigen – hinunterfahren. Vor uns ein Stau wegen Reisebussen, als er sich löst, fahren auch wir weiter, vorbei an der dreiköpfigen Trollstatue und nun mit Kurs aufs Meer.

Die Atlantikstraße ist unser letztes Ziel in Südnorwegen. Lediglich eine Fähre sowie ein paar Stunden später erreichen wir mit Vevang das südliche Ende des Atlanterhavsveien. Immer wieder führen uns nun Brücken über die kleinen Inseln hinüber. Den zweiten Teil sparen wir uns aber noch auf, denn wir haben einen idyllischen Freistehplatz gefunden und übernachten direkt am Meer.

Freistehplatz Atlantikstraße
Flatsetveien, Averøy (Park4Night)
63°02'20.2"N 7°32'56.0"E

Am nächsten Morgen dann die Enttäuschung: Das war kein weiterer Brückenabschnitt der Atlantikstraße auf Google Maps, das war ein Tunnel, der uns gut 15 Euro Maut kostet. Die eigentliche Strecke der Atlantikstraße ist nur sieben Kilometer lang und kann gut von Vevang angefahren werden, anschließend würden wir aber umdrehen und am Kvernesfjorden entlang nach Bergsøya fahren.

Trondheim umfahren wir und sind nun auf dem Weg zurück nach Schweden, wo wir die nächsten gut 1000 Kilometer zurücklegen wollen. Kurz vor der Grenze finden wir noch einen richtig schönen Freistehplatz mit Ruderboot, das benutzt werden darf.

Freistehplatz Atlantikstraße
E14, Meråker (Park4Night)
63°21'22.9"N 11°59'44.0"E

Oben: Die berühmte Atlantikstraße oder auf Norwegisch Atlanterhavsveien
Unten: Ein Strand nördlich von Skaland bestehend aus Korallenstückchen

Unsere Tour durch Schweden findest du im vorangehenden Kapitel. Hier machen wir direkt im hohen Norden Norwegens weiter.

Die Lofoten lassen wir aus, wir haben uns für die Schwesterninsel Senja entschieden. Die Landschaft auf Senja ist – wie die Lofoten – geprägt von türkis schimmerndem Meer, weißen Korallenstränden und den steil aus dem Meer ragenden Bergen. Der Nordküste entlang führt eine weitere der 18 schönsten Landschaftsrouten Norwegens. Wir starten unsere Tour am Gryllefjord, dem westlichsten Punkt der Route und kommen schon bald an Hamn i Senja vorbei, nur ein paar Häuser auf

einer kleinen Insel umgeben von glasklarem Wasser, aber atemberaubend schön.

Etwas weiter passieren wir die Aussichtsplattform Bergsbotn und blicken auf die traumhafte Landschaft hinaus. Der blaue Fjord, die Bergmassive und die sanften grünen Hänge – wunderschön. An Skaland fahren wir vorbei, bis die Straße zu Ende ist. Dort oben ist ein weißer Sandstrand, der übersät ist mit kleinen Korallenstückchen. Ja, wir wiederholen uns, aber auch dieser Ort ist unglaublich schön.

Beim Rastplatz Tungenset klettern wir über die Felsen bis zur Landspitze. Von hier haben wir den perfekten Blick auf die Teufelszähne, eine schroffe Felsenkette mit sehr spitzen Gipfeln.

Die Teufelszähne sehen wir auch noch von unserem Übernachtungsplatz aus. Und hier, an einem Tag, der kaum hätte perfekter sein können, erleben wir zum ersten Mal die Mitternachtssonne.

Freistehplatz im Ersfjord
Fv 862, Skaland (Park4Night)
69°28‘43.7“N 17°23‘40.0“E

Auch die restliche Strecke nach Botnhamn ist sehr sehenswert, dort nehmen wir mal wieder die Fähre und sehen unterwegs sogar Schweinswale.

In Brensholmen angekommen steht nun fest, wir fahren ans Nordkap. Noch immer sind es gute 800 Kilometer, weshalb wir beschließen, etwas zügiger zu fahren. Die Sonne scheint ja sowieso 24 Stunden, was immer noch sehr speziell ist. Irgendwo am Wegesrand stellen wir uns um 1 Uhr nachts auf einen Parkplatz und schlafen ein paar Stunden.

Unterwegs sehen wir immer mehr Rentiere, einmal stehen sogar gleich drei Stück im Meer und kühlen sich ab. Auch im hohen Norden ist der Sommer 2018 ein Hitzesommer. Am Wegesrand gibt es kleine Geschäfte, die Rentierfelle und Geweihe verkaufen. Auch Fische werden an Holzgestellen getrocknet. Die Landschaft wird immer karger, Bäume gibt es keine mehr und selbst die Büsche werden immer kleiner.

In Honningsvåg treffen wir Bekannte aus der Schweiz, der Mann spielt uns noch ein Lied mit dem Schweizer Alphorn, bevor wir die letzten Kilometer unter die Räder nehmen. Kurz nach Mitternacht kommen wir am Besucherzentrum des Nordkaps an. Die Parkhäuschen haben schon geschlossen, das Zentrum ist aber noch geöffnet. Kurz vor 2 Uhr morgens sind wir ganz alleine an der Kugel, der Nebel zieht für einen Moment weg und wir stehen bei Sonnenschein am berühmten Globus. Ja, es hat sich gelohnt, hierher zu fahren.

Ein paar Tage bleiben wir noch in der Gegend etwas südlich vom Nordkap, ziehen mit der Angel zwei prächtige Seelachse aus dem Wasser und genießen einfach das Leben. Norwegen hat uns noch mal richtig gezeigt, was für ein Privileg wir mit dieser fantastischen Reise erleben dürfen. Wir geben dem Land, trotz der vielen Mautgebühren, eine glatte zehn mit Sternchen.

Vorhergehende Doppelseite: Um 2 Uhr nachts bei Sonnenschein am Nordkap
Oben: Auch die Rentiere brauchen Abkühlung.
Unten: Stockfisch wird im Norden auf großen Gestellen getrocknet.

Start- und Endpunkt
Vom Inarisee bis Helsinki

Streckenlänge
1921 km

Fahrzeit
ca. 1 Tag 3 Std.

Highlights
Pallas-Yllästunturi-Nationalpark
Oulanka-Nationalpark mit der kleinen Bärenrunde
Linnansaari-Nationalpark
Viele einsame Seen

TOUR 32

FINNLAND

Finnland

DURCH LAPPLAND, AUF DEM BÄRENTRAIL BIS ZUR RUSSISCHEN GRENZE UND AUF ROBBENSUCHE

Von Norwegen kommend steuern wir als Erstes den Inarisee an. Kurz davor holen wir uns in einem Touristenzentrum Tipps für Finnisch-Lappland sowie zum Erhalt einer Angellizenz, die für Seen bequem online unter www.eraluvat.fi gelöst werden kann. Inari selbst ist nun wirklich keine Perle und wir fahren schnell wieder in die Natur hinaus. Dort ist die Rentierdichte stark angestiegen.

Wir wollen nicht der E75 folgen, sondern nehmen ab Inari die Nebenstraße 955, die zu großen Teilen aus gut präparierten Schotterpisten besteht. So kommen wir durch riesige menschenleere Wälder, Moorebenen und an gefühlt Hunderten Rentieren vorbei. Irgendwo gegen Ende dieser Strecke finden wir auch ein Plätzchen zum Übernachten.

Im Pallas-Yllästunturi-Nationalpark starten wir beim Besucherzentrum eine Wanderung zum Palkaskeronkierros-Aussichtspunkt hinauf, der ist nicht hoch, aber Finnland ist so flach, da reicht dieser Hügel, damit wir gefühlt das halbe Land überblicken können. Und nebst Wald sehen wir vor allem etwas: Seen! Knapp 188 000 davon gibt es im ganzen Land, und wir finden jeden Abend einen anderen, den wir meist nur für uns alleine haben.

Wie heute zum Beispiel, wo wir am Ufer des Pallasjärvi übernachten und gleich noch eine Nacht anhängen, weil wir mit dem Kanu rauspaddeln, dabei angeln und später im Wald noch Heidelbeeren pflücken wollen – nur die Saunahütte kann uns bei weit über 25 Grad Celsius nicht anlocken.

Freistehplatz am Pallasjärvisee
Schotterstraße ab Taloniemi (Park4Night)
68°00'06.7"N 24°11'40.3"E

Finnland ist uns auf Anhieb sympathisch. Es ist landschaftlich nicht mehr so spektakulär wie Norwegen mit seinen Bergen und Fjorden, aber diese vielen Seen und die Wälder rappelvoll mit Heidelbeeren haben auch ihren Reiz.

Oben: Lakritz-Eis in Helsinki
Unten: Einer der vielen Freistehplätze an einem See in Finnland

Auf dem Camping Nilimella wird mal wieder alles geputzt, gewaschen und entleert. Gerade hier im Norden Finnlands gibt es nicht so viele Entsorgungsstellen, da nutzen wir auch gerne mal einen Campingplatz.

Camping Nilimella
Kelukoskentie 5, Sodankylä
Tel. +358 16 61 21 81, info@nilimella.fi
Geöffnet vom 1. Juni bis 30. September
67°25'02.9"N 26°36'28.6"E

An was denkt man Ende Juli bei schön sommerlichen Temperaturen bestimmt nicht? An Weihnachten! Und wen gehen wir aber nun besuchen? Den Weihnachtsmann! Ob der im Sommer kurze Hosen und Muskelshirt trägt? In Rovaniemi angekommen, können wir das Weihnachtsdorf gar nicht verpassen. Gleich mehrere Gebäude gehören dazu, unter anderem das Postbüro vom Weihnachtsmann, wo man das ganze Jahr über Briefe einwerfen kann, die den Empfänger aber erst an Weihnachten erreichen. Und dann wollen wir den Weihnachtsmann auch persönlich treffen. Ein langer Korridor mit weihnachtlicher Stimmung führt zu ihm. Und tatsächlich, da sitzt er. Ob er nun leichte Sommerkleider trägt? Wir wollen keine Fantasien zerstören, du musst schon selber hier hinfahren und nachschauen.

Eigentlich ist die Grenze des Polarkreises auch hier im Weihnachtsdorf. Aber wir sind noch nicht bereit, diese magische Grenze zurück in den Süden zu überqueren. Also fahren wir ziemlich genau auf dem 66. Breitengrad Richtung russischer Grenze. Wir wollen im Oulanka-Nationalpark wandern, erst mal verbringen wir aber die Nacht bei vollem Tageslicht an einem weiteren schönen See. Und dem können wir sogar noch zwei Flussbarsche entlocken: Ein leckeres Abendessen ist also gesichert.

Freistehplatz vor dem Oulanka-Nationalpark
Sallantie 50, Käylä
66°17'35.8"N 29°08'36.3"E

Heute gehen wir im Oulanka-Nationalpark wandern, wir nehmen die kleine Bärenrunde in Angriff. Startpunkt ist beim Besucherzentrum in Juuma, wo es auch Informationsmaterial gibt. Es geht durch den Wald, auf Stegen über Moorgebiete und mittels Hängebrücken ans jeweils andere Flussufer. Dank des heißen und trockenen Sommers gibt es kaum Mücken, aber auch Bären sehen wir keine, dafür ein paar Rentiere.

Die Fahrt geht weiter Richtung Süden, und nun überqueren wir auch den Polarkreis. Am Keski-Kero finden wir unser heutiges Plätzchen am See, die Fische wollen aber nicht beißen.

Oben: Unterwegs im Pallas-Yllästunturi-Nationalpark
Unten: Wanderung auf der kleinen Bärenrunde im Oulanka-Nationalpark

32
50
WGS84 LAT:66.35827° LON:29.36545°

Perpulanluhta
Linnansaari
«Линнансаари»
Linnavuori
Torppa
Pieni-Lappi
Mustalahti
Rantasalmi
Рантасалми
Petaikkoluoto
Louhisaari
HAUKIVESI
Iso-Tuunaa
Hietasaari
Seurasaari
Kaitasaari
Iso-Mantysaari
Сammаккониеми
0
1 km

Freistehplatz am Keski-Kero-See
78 Kerontie, Kuusamo
65°41‘27.4“N 29°18‘03.2“E

Uns gefallen die Plätze an den finnischen Seen so gut, dass wir nun von See zu See tingeln und die Tage jeweils an den Ufern oder paddelnd im Kanu verbringen. Dazu muss man voll autark sein, denn Infrastruktur gibt es vor Ort keine. Nach mehreren solchen Nächten zieht es uns doch noch ans Meer. Wir fahren nach Oulu und verbringen einen Tag am Strand von Nallikari.

Am späten Nachmittag wird es mal wieder Zeit für eine Fährfahrt, wir setzen auf die Insel Hailuoto über, und weil die Fähre zum offiziellen Straßennetz Finnlands gehört, ist sie kostenlos. Die kleine Insel ist sehr überschaubar, nach ein paar Hundert Metern finden wir eine Parkmöglichkeit in einer Bucht, wo wir die Nacht am Meer verbringen.

Freistehplatz Hailuoto
Potinhamina 16, Hailuoto
65°03‘33.6“N 24°53‘07.3“E

Erst heute erkunden wir die Insel und fahren bis ans andere Ende in Marjaniemi. Im Hafen stehen auch Wohnmobile, es gibt sogar etwas Infrastruktur, aber unser Platz war definitiv schöner. Daneben ist ein langer Strand, im Ort gibt es ein kleines Café sowie ein Restaurant mit Buffet – der gängigen Verpflegungsart in Finnland.

Zurück auf dem Festland parken wir unseren Camper auf einer Landzunge bei Raahe und verbringen eine weitere Nacht am Meer. Hier gibt es ein paar Mücken, aber nicht schlimm.

Freistehplatz bei Raahe
Pirttiniemi 36, Raahe
64°40‘27.4“N 24°26‘12.9“E

Zwei Wochen lang fahren wir von See zu See, finden jeden Tag wieder schöne Plätze an kleinen Bootsanlegestegen oder sonstigen Mini-Parkplätze. Feuer dürfen wir leider keines machen, wegen der anhaltenden Trockenheit, aber es ist sowieso zu warm.

Im Linnansaari-Nationalpark und damit an der finnischen Seenplatte packen wir das Kanu erneut aus und paddeln los. Hier sollen Süßwasserrobben leben, eine seltene Art. Wir paddeln den ganzen Tag zwischen den Inseln hindurch, sehen aber nur ihre Hinterlassenschaften auf einem Felsen im See. Die Landschaft selbst ist trotzdem absolut sehenswert – und der Tag auf dem Wasser war wunderschön.

An den Ufern des Honkasensalmi-Sees, auf dem wir tagsüber schon im Kanu unterwegs

Oben: Aussicht vom Palkaskeronkierros im Pallas-Yllästunturi-Nationalpark
Unten: Auf Robbensuche im Linnansaari-Nationalpark

waren, finden wir auch ein schönes Plätzchen für unseren Camper und genießen die Abendstunden im Freien.

Freistehplatz am Honkasensalmi-See
Am Kanal an der Tappuvirrantie 513,
Savonlinna
62°05'33.6"N 28°39'16.9"E

Die Stadt Savonlinna ganz in der Nähe schauen wir uns heute an. Aktuell ist ein Flohmarkt und wir schlendern an den Marktständen entlang. Hier sehen wir nun auch ein paar Robben, vielleicht sollten wir aber dazu erwähnen, dass sie aus Bronze gegossen sind.

Unsere Mütter kommen uns zu Steffis Geburtstag in Helsinki besuchen, deshalb fahren wir nun etwas zügiger zur Hauptstadt zurück. Wir machen aber in Lahti, dem bekannten Skisportort, noch einen Halt und gucken uns etwas um. In Helsinki selber haben wir eine Wohnung gemietet, zu viert ist unser Campervan nun wirklich zu klein.

Helsinki hat gleich mehrere Markthallen, wir schauen uns in der Hakaniemen Kauppahalli um, besuchen den Outdoor-Hafenmarkt, wo wir den Rentierfellen aus Lappland wieder begegnen und schlendern durch die gleich danebenliegende Vanha Kauppahalli. An vielen Marktständen kann Rentier- oder Elchfleisch probiert werden, als Trockenfleisch oder im Burger gibt es nur zwei mögliche Varianten. Draußen an der Eisdiele entdecken wir das typische Lakritz-Eis. Während wir unsere Gesichter verziehen, bestellt sich Steffis Mama so ein schwarzes Eis und schleckt genüsslich daran, während wir durch den Esplanadi-Park schlendern und den Straßenmusikern zuhören.

Mit dem Schiff fahren wir noch zur Insel Soumenlinna hinaus, die zum UNESCO-Weltkulturerbe zählt. Einst war es eine Festungsanlage über mehrere Inseln, heute hat das Militär den Besuchern Platz gemacht, die diverse Kirchen und einige Gebäude sowie darin beheimatete Museen besichtigen können. Auch die Schifffahrt selbst, die im Verkehrsnetz der Stadt inkludiert ist, macht Eindruck, kommen wir doch an vielen kleinen und zum Teil bewohnten Inseln vorbei.

Die Mütter verlassen die Stadt per Flieger, wir sitzen wieder in unserem rollenden Zuhause und reisen per Fähre aus. Finnland hat uns als Naturkinder sehr gut gefallen. Wir hatten tolles Wetter, fast keine Mücken, dafür viele Seen, einen selbst gebackenen Blaubeerkuchen mit handgepflückten Beeren und viele tierische Begegnungen. Nicht nur Rentiere, auch Elche haben wir hier erneut gesehen. Ganz speziell gut gefallen hat uns Finnisch-Lappland, und da sind wir uns einig, wollen wir hier unbedingt auch einmal im Winter hin wollen.

Oben: Marktauslage: Trockenfleisch vom Rentier, Elch und Hirsch
Unten: Beeindruckendes Rentier direkt am Strassenrand

ELK
JERKY 8€
DEER JERKY 8€
REINDEER
JERKY 8€
12,50€
RENJER
WILD & PURE
TRADITIONAL
ELK JERKY
RENJER
TRADITIONAL
DEER JERKY
RENJER
TRADITIONAL
DEER JERKY

Start- und Endpunkt
Von Tallinn bis Pärnu

Streckenlänge
670 km

Fahrzeit
ca. 9 Std.

Highlights
Mittelalterstadtführung in Tallinn
Viru-Raba-Moorwanderung
Blick auf Russland in Narwa
Tartu
Soomaa-Nationalpark

TOUR 33

ESTLAND

Estland

VON TALLINN IN DIE MOORLANDSCHAFT BIS NARVA UND DURCHS LANDESINNERE ZURÜCK AN DIE KÜSTE

Mit der Fähre reisen wir direkt nach Tallinn, in die Hauptstadt Estlands. Den Campervan parken wir gleich im Hafenareal, wo wir auch schlafen werden. Nicht schön, aber praktisch.

Parkplatz im Hafenareal
Kuunari, Tallinn (Park4Night)
59°26'34.6"N 24°45'23.6"E

Aber bereits der Weg ins Stadtzentrum ist schön, durch ein Tor in der Stadtmauer gelangen wir in die Altstadt. Gepflegte mittelalterliche Häuser prägen das Bild, auch Schilder, Speisekarten und einige Geschäfte versetzen uns ins Mittelalter zurück. Da passt die Free-Walking-Tour von Mittelalter-Schauspielern perfekt ins Bild. Autos werden lustig ausschauende Pferde genannt, die Währung ist natürlich noch »Gold« und Tallinn heißt wie anno dazumal Reval. Die 90-minütige wirklich sehr unterhaltsame und gleichzeitig lehrreiche Stadttour von Tales of Reval findet viermal täglich mit Start bei der Touristeninformation statt.

Nach diesem absolut geglückten Einstieg erklimmen wir noch die Oberstadt, wo wir über ganz Tallinn bis zum Hafen blicken können und dort auch den Grund für die vollen Straßen entdecken: Kreuzfahrtschiffe. Spätestens gegen Abend sind die Passagiere aber nicht mehr in der Stadt, das Essen ist auf dem Schiff inklusive. Wir sitzen im Olde Hansa, bestellen witzig klingende Gerichte und staunen über das imposant eingerichtete Innere des Restaurants.

Restaurant Olde Hansa
Vana turg 1, Tallinn
Tel. +372 627 90 20, www.oldehansa.com
Täglich geöffnet von 11 bis 23 Uhr bzw. Freitag und Samstag bis 0 Uhr
59°26'11.9"N 24°44'45.5"E

Zwei Tage bleiben wir in der Stadt, bis wir sie am Nachmittag Richtung Osten verlassen. Das erste Ziel ist der Jägala-Wasserfall. Normalerweise fällt das Wasser in einem Halbkreis

Steffi schaukelt im Wald von Käsmu.

über die Felskante, aber auch hier macht sich der Hitzesommer 2018 bemerkbar, der Halbkreis ist auf einen Viertel geschrumpft. Die Parkanlage drum herum lädt zum Verweilen ein und schlussendlich übernachten wir gleich hier auf dem Parkplatz.

Freistehplatz: Jägala-Wasserfall
Jagala-Joa tee, Koogi, 74224 Harju maakond, Estland (Park4Night)
59°26‘57.0“N 25°10‘44.8“E

Im Lahemaa-Nationalpark starten wir mit einer Wanderung durch das Moor von Viru Raba. Auf Holzstegen führt uns der Weg durch die beeindruckende Landschaft, vom Aussichtsturm können wir die ganze Landschaft überblicken. In einem etwas tieferen Moortümpel kann man auch schwimmen, ähm, nein danke. Nur ein paar Fahrminuten von Viru Raba weg liegt der privat geführte Camping Hiie Talu. Im weitläufigen Garten des Künstlers stehen wir im Grünen neben Skulpturen und kleinen Mini-Fröschchen.

Camping Hiie Talu
Kahala, Harju maakond, Harjumaa (Park4Night)
Tel. +372 56 60 70 78, peepkonton@hot.ee
Ganzjährig geöffnet
59°28‘26.4“N 25°32‘43.1“E

Noch immer im Lahemaa-Nationalpark fahren wir heute an die Küste von Käsmu, einem kleinen sehr hübschen Dörfchen. Zwischen den Häusern hindurch führt unser Weg am Strand entlang, Steffi flitzt schon durch die Luft, da hat Lui die große Schaukel erst entdeckt. Der Boden wird immer sandiger, kurz darauf führt er uns durch hohes Schilf und jetzt tauchen die großen Findlinge aus der letzten Eiszeit direkt vor uns auf.

Der Küste weiter nach Osten folgend, kommen wir in Altja vorbei, und da unsere Mägen knurren, spricht uns das Restaurant Altja kõrts sofort an. In einem alten, aber sehr gepflegten Holzhaus mit Fischernetzen an den Wänden werden traditionelle Speisen serviert. Zur Hauptspeise gibt es Hering und zum Dessert eine Kama-Creme. Kama ist ein Pulver aus verschiedenen Mehlen, das als sehr sättigende Nachspeise mit Quark und Beeren verrührt wird.

Restaurant Altja kõrts
Altja, Lääne-Viru
Tel. +372 32 40 070, www.palmse.ee
Täglich von 12 bis 20 Uhr geöffnet
59°34‘56.5“N 26°06‘43.3“E

Eine Schotterstraße führt uns zum Übernachtungsplatz mitten im Wald und nur ein paar Schritte vom Meer entfernt. Die Sonne

Oben: Jägala-Wasserfall im Lahemaa-Nationalpark
Unten: Abendessen im Olde Hansa in Tallinn
Folgende Doppelseite: Sehnsüchtig blicken wir von Narva aus über den Grenzfluss nach Iwangorod.

blitzt hinter den Baumstämmen hervor, dann verschwindet sie im Meer. Ein schöner Platz, auch wenn die Zufahrtsstraße nicht die allerbeste war.

Waldparkplatz Lahemaa-Nationalpark
Mustoja, Lääne-Viru maakond (Park4Night)
59°35'04.8"N 26°10'29.6"E

In Finnland waren wir der russischen Grenze schon nahe, jetzt wollen wir in Narva schauen, ob wir ein Tagesvisum lösen können. Angekommen, stehen wir direkt am Zoll, doch da kommen wir nicht rüber. Wir suchen Passbüros und Reiseagenturen, entdecken so Straßen von Narva, die uns doch mehr an russische Dokumentationen erinnern als an das Estland, das wir nun schon seit ein paar Tagen bereisen. Es ist aussichtslos, warten wir nicht mindestens zwei Wochen, ist hier Schluss für uns. Wir stehen am Flussufer der Narva und schauen wehmütig rüber nach Russland.

Ein paar schöne Orte finden wir in Narva dann doch noch. Die Festung mit dem Aussichtsturm ist schön, in der Universität trinken wir etwas im Café und bestaunen danach das rekonstruierte Rathausgebäude gleich daneben. Auch die neu gemachte Promenade der Narva entlang ist hübsch.

Am Grenzsee Peipus fahren wir Richtung Süden, der sogenannten Zwiebelroute entlang. Viele Bauersfrauen hängen morgens ihre Zwiebelzöpfe an die Straße. Den Knollen wird nachgesagt, sie sollen einen sanften Teint geben. Am See stellen wir uns auch für die Nacht auf, am anderen Ufer liegt Russland. Ob wir mal eine ausgiebige Kanutour unternehmen sollen?

Parkplatz am Peipus-See
Kalma-Mustvee, Mustvee, Jõgeva maakond
(Park4Night)
58°50‘51.7“N 26°56‘56.0“E

Tartu liegt bereits mehrere Kilometer vom Peipus-See entfernt. Eine hübsche Universitätsstadt, mit vielen Parkanlagen und einer schönen Promenade am Emajõgi-Fluss entlang. In der Markthalle Tartu Turuhoone am Fluss treffen wir wieder auf die magischen Zwiebeln, viele andere Produkte werden aus den heimischen Gärten ebenfalls angeboten.

Die Altstadt beherbergt wunderschöne Gebäude, vom Tartu Raekoja Plats lassen wir den Blick um 360 Grad schweifen und bewundern die gut gepflegten Häuser. Auch ein paar Cafés und Restaurants sind auf diesem

Hauptplatz anzutreffen. Am Rande des Parks steht das Restaurant, das wir besuchen wollen. Nebst guten Speisen lockt das rustikale Ambiente im Schießpulverkeller. So heißt dann auch das hier servierte rötliche Bier: Püssirohu Punane (Schießpulver Rotes).

Restaurant Püssirohukelder
Lossi 28, Tartu
Tel. +372 730 35 55, www. pyss.ee
Täglich geöffnet von 12 bis 22 Uhr, Dienstag bis Samstag bis 2 Uhr
58°22'45.9"N 26°43'08.5"E

Von Tartu fahren wir einmal quer durch Estland in den Soomaa-Nationalpark, der für seine ausgeprägte fünfte Jahreszeit bekannt ist: die Hochwassersaison. Während der Wanderung *Ingatsi õpperada* entdecken wir im Wald die Wasserstandmarken der letzten Jahre. Teilweise schulterhoch stand da das Wasser, und so werden tatsächlich jedes Jahr im Frühling die Wanderwege zu Kanustrecken. Die Wanderung selbst bringt uns hinaus aufs Moor, wo es einen Aussichtsturm sowie Moorpools zum Schwimmen gibt, und führt uns anschließend auf anderem Weg zurück zum Ausgangspunkt.

Nach ein paar Tagen fahren wir weiter und kommen nach Pärnu. Ein süßer, kleiner Ort mit einer belebten Fußgängerzone in der Rüütli-Straße. Natürlich suchen wir auch die Markthalle, die wir etwas außerhalb unter dem Namen Pärnu Turg finden. Mit frischen Lebensmitteln eingedeckt fahren wir zu einem der schönsten Freistehplätze hinaus, der sich kurz vor der Grenze zu Lettland befindet. Mitten im Wald liegen schön verteilt zahlreiche Grillstellen zwischen den Bäumen, bei einigen steht ein Tisch mit Bänken dazu. Es gibt eine Wasserstelle und ein Klo, das täglich gereinigt und mit Toilettenpapier versorgt wird.
Und ja, das ist tatsächlich ein Freistehplatz, der dazu noch nur ein paar Schritte vom Meer entfernt ist.

Freistehplatz im Wald (RMK Krapi Camping)
Treimani, Pärnu (Park4Night)
57°56'22.3"N 24°23'25.4"E

Ein perfekter Abschluss für unsere Reise durch Estland. Das Land hat uns positiv überrascht, es ist modern, fast schon wohlhabend wirken die Gärten und Häuser, die Menschen sind freundlich und wir fühlten uns nie unwohl. Dazu kommen die betreuten Freistehplätze und die tolle Natur. Das erste Land im Baltikum hat uns überzeugt. Nun fragen wir uns, wie wohl die anderen zwei sein werden und was die Unterschiede sind. Gehen wir doch einfach nachschauen, ab nach Lettland.

Oben: Häuser am Raekoja Plats in Tartu – dem Hauptplatz in der Altstadt
Unten: Fußgängerzone in Pärnu

MADE IN
PÄRNU-
MAA

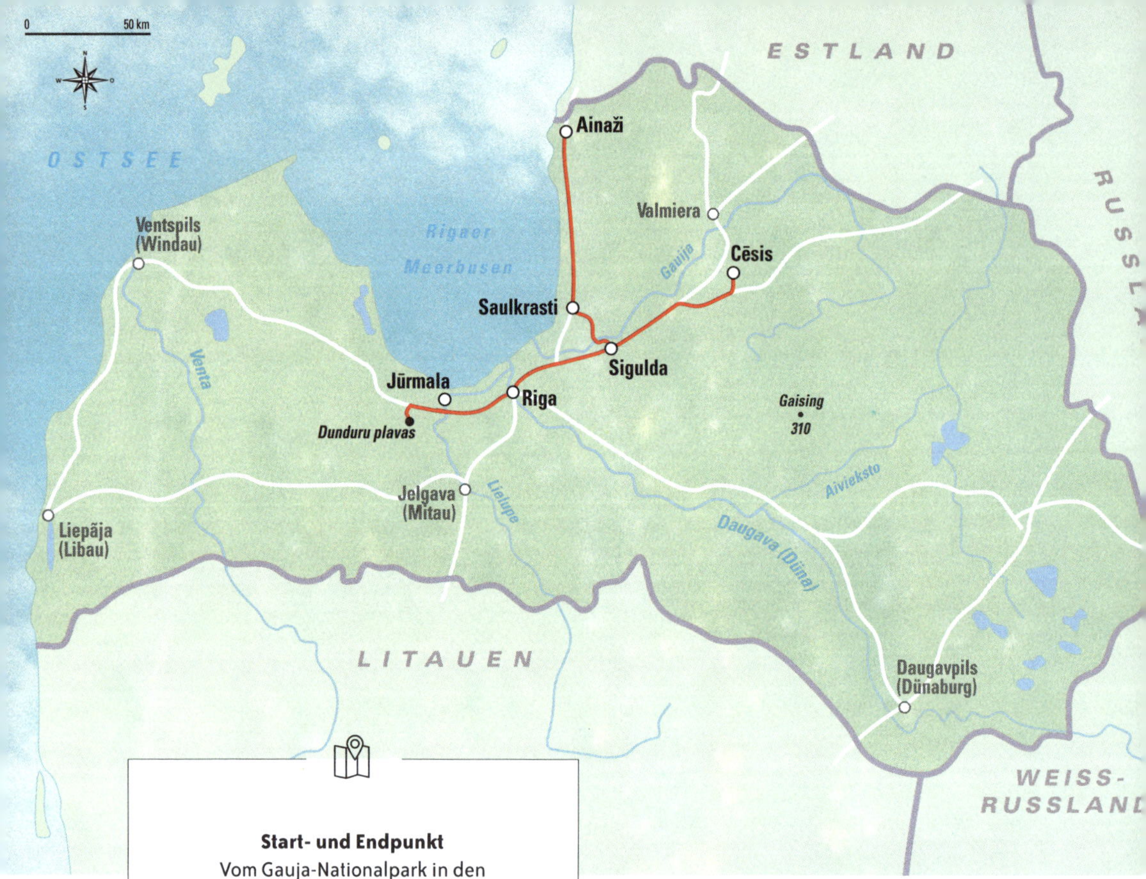

Start- und Endpunkt
Vom Gauja-Nationalpark in den Ķemeri-Nationalpark

Streckenlänge
298 km

Fahrzeit
ca. 4 Std. 25 Min.

Highlights
Cēsis
Weinhöhlen in Ligatne
Moorwanderung
Konik-Pferde im Ķemeri-Nationalpark

TOUR 34

LETTLAND

Lettland

WANDERN IN NATIONALPARKS UND AUF URPFERDSUCHE BIS ZUM ZEPPELINHANGAR NACH RIGA

Die Einreise nach Lettland war ein Klacks, wir konnten einfach zufahren. In Sigulda holen wir uns beim Besucherzentrum Informationen zum Gauja-Nationalpark, erkunden den Ort noch etwas und fahren dann nach Cēsis weiter. Dort machen wir es uns auf dem Camping Žagarkalns an der Gauja bequem und entfachen am Abend das Feuer bei der Feuerstelle an unserem Platz. Hier am Fluss gefällt es uns so gut, dass wir gleich ein paar Tage bleiben. Einziger Wermutstropfen: Das Wasser hier am Platz stinkt stark nach Eisen, was gerade beim Duschen besonders unangenehm ist.

Žagarkalns laivas un kempings
Mūrlejas iela 12, Cēsis, Cēsu pilsēta
(Park4Night)
Tel. +371 26 26 62 66, info@zagarkalns.lv
Geöffnet vom 15. Mai bis 15. September
57°18'24.5"N 25°13'14.7"E

Cēsis ist ein kleiner hübscher Ort, viele Blumen schmücken die Gassen zwischen Holz- und Backsteinhäusern. Im Pils-Park findet gerade eine Veranstaltung für Kinder statt, weniger für die Kleinen geeignet sind die verschiedenen kleinen Brauereien im Ort wie zum Beispiel die Trimpus Craft Brewery. Der Burgmauer folgen wir noch etwas, dann gehen wir zurück zum Campervan, der neben der Markthalle parkt. Natürlich besuchen wir den Markt auch noch, füllen die Vorräte auf und fahren weiter. Heute Mittag kochen wir aber nicht selber, im Restaurant Vilhelmīnes dzirnavas lassen wir das für uns erledigen, während wir das schöne Wetter auf der Terrasse genießen. Nach dem Essen spazieren wir noch zu den Lustūzis, das sind in den Sandstein gehauene Höhlengänge, die schon früher zum Lagern von Lebensmitteln verwendet wurden. Hier drin lagern auch die typisch lettischen Beerenweine, ein paar davon können wir degustieren und nehmen auch gleich eine Flasche mit.

Grenzübergang nach Lettland

Restaurant Vilhelmīnes dzirnavas
Spriņģu iela 1, Līgatne, Līgatnes pilsēta
Tel. +371 27 55 13 11
Täglich geöffnet von 10 bis 21 Uhr
57°14'01.3"N 25°02'24.0"E

Nur ein paar Kilometer weiter sind wir bei der Löffelfabrik und Weinhandlung Vīna ražotne angelangt. Hier werden aus verschiedenen Hölzern Löffel und andere Gegenstände hergestellt, gleichzeitig ist es eine Weinhandlung der süßen lettischen Weine. Auch hier probieren wir nochmals einige Weine.
In der Nähe von Sigulda parken wir unseren Van am Ende einer Sackgasse im Wald und verbringen dort eine ruhige Nacht.

Freistehplatz im Wald bei Sigulda
Unnamed Road, Siguldas pilsēta (Park4Night)
57°09'06.4"N 24°48'44.4"E

Am nächsten Morgen fahren wir noch zur Gūtmaņa ala und sind vor Ort etwas enttäuscht. Irgendwie haben wir uns unter Gutmannshöhle mehr als einen Felsvorsprung vorgestellt, auch wenn in die Sandsteinwände die Wappen Dutzender Studentenverbindungen aus längst vergangenen Zeiten eingeritzt sind.

In Riga bleiben wir unserer Tradition treu und starten die Stadterkundung bei den Markthallen. Der Rīgas-Centr ltirgus-Zentralmarkt befindet sich in alten Zeppelinhallen und erstreckt sich auch draußen über mehrere Gassen. Früchte und Gemüse, Fleisch, Backwaren, Kleidung, Handwerkerzubehör oder Blumen – der Markt hat einfach alles. In ein paar Minuten sind wir vom Markt in der Altstadt, schlendern durch die Gassen und stellen fest, dass die Gebäude in Riga etwas höher gebaut sind als noch in Tallinn. Riga hat einen ganz eigenen Charakter. In einem Café bestellen wir eine kalte Platte und probieren die regionalen Köstlichkeiten bei einem Live-Konzert, dann schlendern wir auch schon langsam zum Camper zurück.

Den Abend verbringen wir in Jūrmala am längsten Strand Lettlands. Der Sand ist so fest, dass selbst Radfahrer auf ihm fahren können, Kinder lassen Drachen steigen und einige planschen im Wasser. Für die Nacht suchen wir uns aber ein ruhigeres Plätzchen am See Slokas ezers.

Freistehplatz Slokas-ezers-See
Dūņu ceļš, Jūrmala (Park4Night)
56°57'27.1"N 23°32'47.5"E

Heute ist ein warmer Tag, deshalb sind wir schon früh im Ķemeri-Nationalpark, wo wir eine weitere Moorwanderung machen, die sich Lielais Ķemeru tīrelis nennt. Erst geht

Oben: Gutmannshöhle im Gauja-Nationalpark mit den eingeritzten Studentenwappen
Unten: Die Altstadt von Riga mit ihren vielen spannenden Gassen

Amber Queen
PĀRDOD IZGATAVOTĀJS
muzejs

der Weg durch den Wald, dann mittels gut ausgebauter Stege direkt übers Moor. Auch hier steht ein Aussichtsturm, von ganz oben überblicken wir die ganze Moorlandschaft.

Am Ausgangsparkplatz ist ein kleines Häuschen der örtlichen Touristeninformation. Dort sieht Steffi einen Flyer mit Pferden darauf. Diese Konik-Pferde sollen in der Nähe halbwild leben und natürlich machen wir uns sogleich auf, sie zu suchen. Dazu fahren wir zu den Dunduru-pļavas-Wiesen, arbeiten uns bis zum Aussichtsturm vor und sehen die grauen Ponys mit dem dunklen Aalstrich schon bald am Waldesrand stehen. Eine Herde von über 200 Tieren grast da friedlich, wobei einige Halbstarke ihre Zeit lieber mit Raufereien verbringen. Es ist wunderschön, die Tiere in so einem großen Herdenverbund beobachten zu können.

Und während die Stunden beim Zuschauen verfliegen, beschließen wir, noch heute weiter nach Litauen zu fahren. Lettland hat uns ebenfalls gut gefallen, ein abwechslungsreiches Land, das etwas weniger modern ist als Estland, aber auch eine gute Infrastruktur für Camperreisende bietet.

Wanderung im Ķemeri-Nationalpark durch das Lielais Ķemeru tīrelis Moor

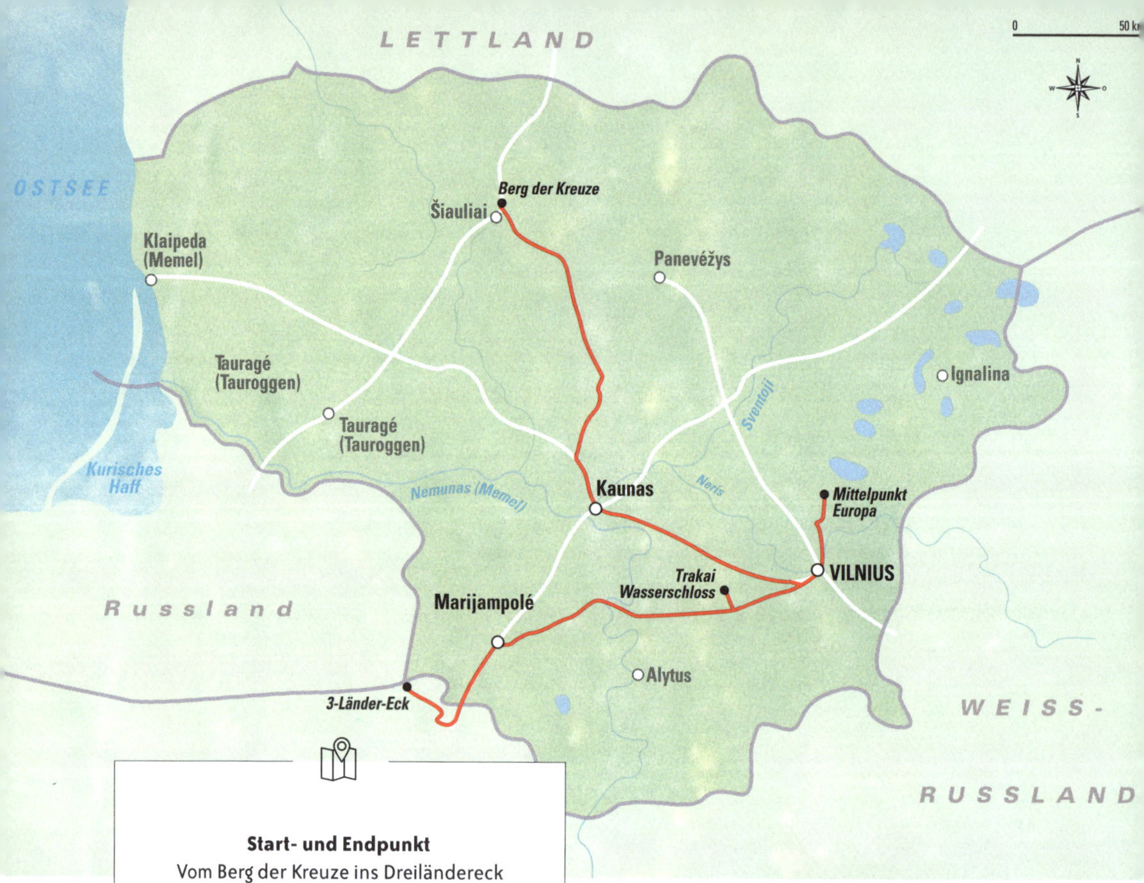

Start- und Endpunkt
Vom Berg der Kreuze ins Dreiländereck
Litauen-Polen-Russland

Streckenlänge
522 km

Fahrzeit
ca. 7 Std. 30 Min.

Highlights
Berg der Kreuze
Kaunas
Vilnius
Mittelpunkt Europas

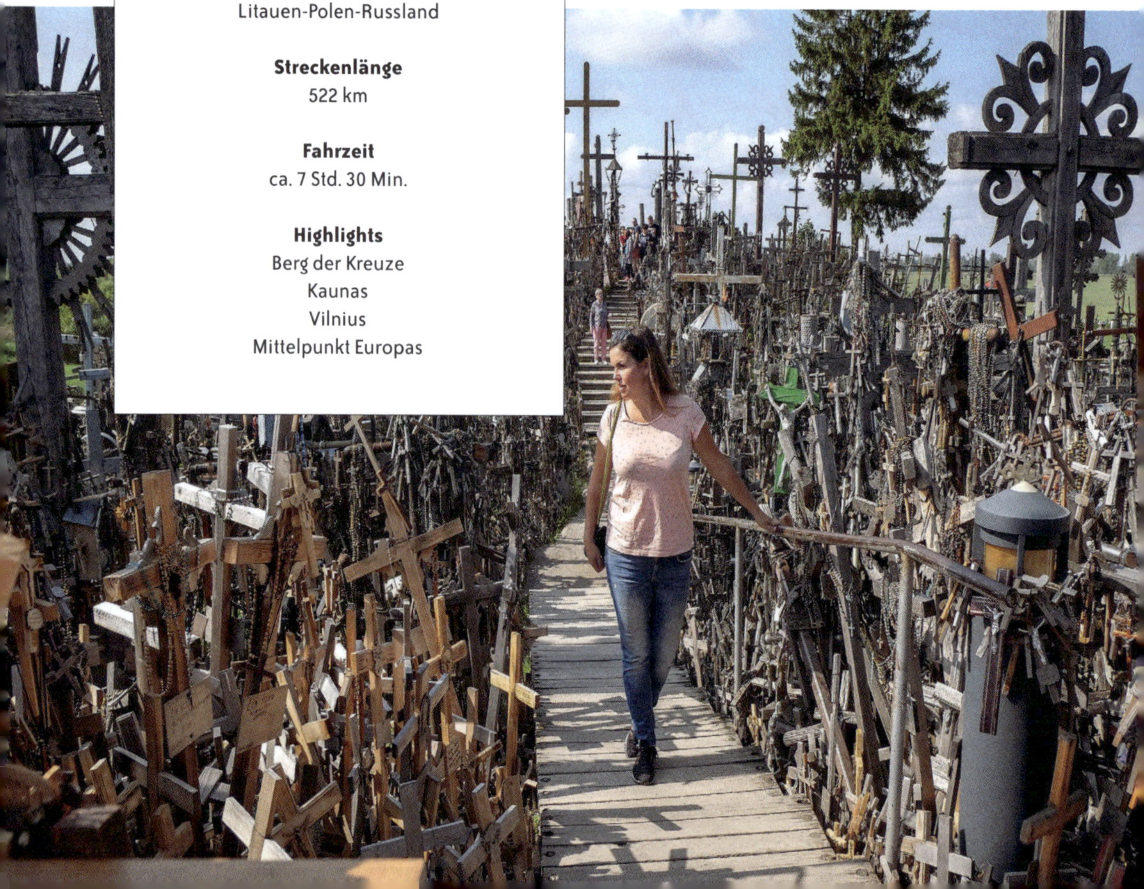

TOUR 35

LITAUEN UND RUSSLAND

Litauen und Russland

AM BERG DER KREUZE VORBEI NACH KAUNAS UND VILNIUS ZUM LÄNDERDREIECK MIT RUSSLAND

Gegen Abend rollen wir in unser 40. Reiseland ein, gleichzeitig ist Litauen das letzte der drei Baltikumländer. Schon wenige Meter nach der Grenze erkennen wir ein paar Unterschiede. Kühe und Ziegen sind angepflockt, nicht mehr eingezäunt, die Häuser sind etwas zerfallener, wenn auch die Gärten weiterhin sehr gepflegt sind. Es ist eindeutig das ärmste Land der drei im Baltikum.

Nach ein paar Kilometern erreichen wir auch schon unser Ziel für die Nacht, auf dem Camping Sunny Nights parken wir unter Pflaumenbäumen. Der Platz bietet viele gemütliche Ecken zum Sitzen und Chillen, Steffi ist aber anderweitig beschäftigt, eine kleine Katze hat ihr Interesse geweckt und die zwei spielen zusammen.

Sunny Nights Camping
Rygos str. 12A, Joniškis distr., E77/A12 Road, Gataučiai
Tel. +370 626 067 35,
sunnynightscamping@gmail.com
Geöffnet vom 15. April bis 15. Oktober
56°09'25.3"N 23°32'01.8"E

Diesen Platz haben wir unter anderem deshalb ausgewählt, weil er nahe am Berg der Kreuze liegt. Noch schnell Wasser auffüllen, dass hier wieder herrlich nach nichts wie Wasser riecht, dann machen wir uns auf zur Pilgerstätte.

Vor Ort sehen wir einen Hügel, darauf stehen Tausende Kreuze. Als wir näherkommen, sehen wir auch noch die unzähligen kleinen Kreuze, die zwischen den größeren stecken. Wir gehen durch die schmalen Gänge und können die Menge der Kreuze kaum fassen. Die Legende zum Ort spricht von einem Vater am Bett seiner kranken Tochter, der eine Engelserscheinung hatte und darin gebeten wurde, ein Kreuz auf einem Hügel aufzustellen. Er tat, wie ihm geheißen wurde, und als er zu Hause ankam, war seine Tochter gesund. Und da viele Menschen Wünsche unterschiedlicher Natur haben, stehen nun geschätzt etwa 100 000 Kreuze hier am Berg der Kreuze.

Steffi zwischen den geschätzt 100 000 Kreuzen am Berg der Kreuze

Wir sind keine religiösen Menschen, trotzdem hat uns der Ort sprachlos gemacht. Noch auf der Fahrt nach Kaunas sprechen wir darüber. Dort angekommen, parken wir den Campervan neben der Burg von Kaunas und spazieren dann einmal um die Burganlage herum. Ein paar Gassen weiter stehen wir vor dem historischen Rathaus, das umgangssprachlich »weißer Schwan« genannt wird, was wohl auf die weiße Fassadenfarbe und den 53 Meter hohen Rathausturm zurückzuführen ist.

Kaunas ist eine Universitätsstadt, das bemerken wir auch sofort an der belebten Fußgängerzone, den vielen Cafés und den hippen Geschäften. Wir mögen solche jung gebliebenen Städte total gerne und lassen uns durch die Gassen treiben. Die schöne Allee in der Straße »Laisvės alėja« bekommen wir wegen einer gigantischen Baustelle leider nicht so recht zu Gesicht. Und eigentlich wollten wir ja traditionell Essen gehen, doch in einer so hippen Stadt ist das gar nicht so einfach. Schlussendlich landen wir in einem sehr schönen chinesischen Restaurant, wo gefühlt die Hälfte aller Studenten der Stadt gerade ebenfalls auf der Gartenterrasse ihren Abend verbringen. Satt schlendern wir am Flussufer der Memel entlang langsam zurück zum Campervan und fahren noch etwas aus der Stadt hinaus.

Am Kauno-Marios-Stausee haben wir einen Ort für die Nacht gefunden, der Platz hatte für unseren Geschmack allerdings etwas zu viel Betrieb in der Nacht und ist deshalb nur bedingt weiterzuempfehlen.

Freistehplatz am Stausee Kauno Marios
Grabučiškės (Park4Night)
54°53‘32.8“N 24°08‘50.3“E

Nachdem uns Kaunas so gut gefallen hat, sind wir sehr auf Vilnius gespannt. Wo die Vilnia in den Neris fließt, ist ein Parkplatz für Tag und Nacht, dort stellen wir unseren Camper ab und gehen zu Fuß ins Zentrum der Hauptstadt Litauens.

Freistehplatz in Vilnius Innenstadt
T. Kosciuškos g. 1a, Vilnius (Park4Night)
54°41‘16.2“N 25°17‘38.1“E

Leider ist das Wetter nicht so gut, wir holen uns deshalb heute nur Informationen zur Stadt in der Touristeninformation ab und schauen uns diese in einem Café an. Erst am nächsten Tag geht die Stadterkundung so richtig los. Wir starten mit einer Free-Walking-Tour und erfahren viel über die Geschichte der Stadt und über die vielen teils leer stehenden Kirchen, die manchmal sogar als Basketballplätze umgenutzt werden. Wir erfahren auch von den Geheimgängen durch

Oben: Abendstimmung in der Fußgängerzone von der Universitätsstadt Kaunas
Unten: Gleich neben der Burg von Kaunas haben wir einen Parkplatz gefunden.

DIESEL
JAMESON

SUVENYRAI
19

die Hinterhöfe, man kann die Stadt komplett durchqueren, ohne auf öffentlichen Straßen gehen zu müssen.

Auf eigene Faust gehen wir später noch zu den Markthallen Halės turgus, wo wir beim Stand Beigelistai einen Bagel nach traditionellem jüdischem Rezept probieren. Während der Stadtführung haben wir ja gelernt, dass einst sehr viele Juden hier gelebt haben.

Vilnius ist eine tolle und spannende Hauptstadt. So gibt es zum Beispiel eine kleine abtrünnige Region innerhalb der Stadtzone. Užupis Republika war einst das ärmste Armenviertel, in dem Gesetzlose lebten und viele Verbrechen passierten. Heute ist es ein hippes Künstlerviertel mit eigener Hymne, eigenem Präsidenten und entsprechend auch mit eigenen Gesetzen.

Zurück in der Altstadt, finden wir hier nun auch Restaurants mit litauischer Küche. Typisch ist die kalte Borschtschsuppe, die leuchtend pink wegen der darin enthaltenen Roten Bete auf den Tisch kommt. Als Hauptspeise sind hier *Celepelinai* Tradition. Dabei handelt es sich um gefüllte Kartoffelklöße in Form eines Zeppelins. Unser Stadtführer hat uns dafür das Restaurant Etno Dvaras empfohlen, wo wir auch gelandet sind.

Oben: Markthalle Halės turgus in Vilnius
Unten: Die Innenstadt von Vilnius erkunden wir per Free-Walking-Tour.

Restaurant Etno Dvaras
Pilies g. 16, Vilnius
Tel. +370 656 136 88, www. etnodvaras.lt
Täglich geöffnet von 11 bis 0 Uhr
54°41'00.4"N 25°17'21.8"E

Vilnius hat uns richtig gut gefallen. Eine spannende Stadt mit viel Geschichte und Kultur, die noch nicht überlaufen ist und in der wegen ihrer Lage im Inland glücklicherweise keine Kreuzfahrtschiffe anlegen können.

Weit kommen wir nicht, als wir die Stadt endlich verlassen. Nur 30 Kilometer nördlich liegt der Mittelpunkt Europas! Moment, das ist nicht der erste Mittelpunkt Europas, den wir besuchen. In der Slowakei wurde dies schon behauptet und wir versprechen euch zudem, es wird nicht der letzte sein. Unterschiedliche Berechnungsmöglichkeiten und unklare Grenzverläufe im Uralgebirge lassen viel Platz für verschiedene Resultate. Rein von der Aufmachung her ist dieser hier bei Purnuškės in Litauen aber auf jeden Fall der spektakulärste. Wir fahren noch bis an den Galvesee bei Trakai, wo wir einen ruhigen Parkplatz für die Nacht finden.

Freistehplatz am Galvesee bei Trakai
Užtrakio g., Trakai (Park4Night)
54°40'11.3"N 24°56'13.6"E

Am letzten Tag in Litauen besuchen wir noch das Wasserschloss von Trakai mit dem

Namen Trak salos pilis. Litauen hat nicht so viele bekannte Ausflugsziele und erst recht nicht viele, die auch noch mit Bussen leicht anzufahren sind. Trakai ist aber ein solches und das bemerken wir bereits am Parkleitsystem, dann an den um Aufmerksamkeit buhlenden Souvenirständen, an den bereitstehenden Ausflugsbooten und zuletzt am Eingang zum Schloss. Es schaut aber auch wirklich schön aus. Wir entscheiden uns, für einen Spaziergang darum herum, um zurück am Campervan festzustellen, dass uns unser seit 20 Minuten abgelaufenes Parkticket nicht vor einer Parkstrafe bewahrt hat. Wobei wir bis heute – ein Jahr später – noch nichts bezahlt haben und der Einzahlungsschein jetzt auch nicht sehr seriös ausgesehen hat. Mal schauen, ob da noch etwas kommt.

Zu guter Letzt wollen wir das Russlandthema nochmals hervorholen. Denn unsere letzte Chance sehen wir im Oblast Kaliningrad. Hierfür gab es bis vor ein paar Jahren ein Transitvisum – eine genauere Recherche ergab aber, es wurde abgeschafft. Aber es soll am Dreiländereck Litauen-Polen-Russland noch eine Möglichkeit geben. Wir fahren hin und finden tatsächlich eine Steinsäule mit Landesanstoß der drei Länder. Ein Hinweis, dass der russische Boden nicht betreten oder fotografiert werden darf, steht zwar da, aber es ist weit und breit niemand zu sehen. Mit einem beherzten Schritt übertreten wir die Linie und schießen auch ein Selfie. Nein, so haben wir uns unser Russlandabenteuer nicht vorgestellt, aber zur Not frisst der Teufel eben Fliegen, und wir versprechen uns noch auf russischem Boden, dass dies erst der Anfang ist. Land Nr. 41 aber kriegt den Namen Russland.

Drei-Länder-Eck-Säule
Litauen-Polen-Russland
Parkplatz auf polnischer Seite: DW651, Wiżajny
Parkplatz 54°21'44.4"N 22°47'45.0"E
Steinsäule 54°21'47.9"N 22°47'31.0"E

Und so verlassen wir Litauen und damit das Baltikum. Das dritte Land im Bunde wirkte als das ärmste der drei, was sich allerdings nicht auf seine immateriellen Schätze bezieht. Die Städte waren richtig schön und spannend, das Essen lecker und die Sicherheit war auch hier kein Problem. Besonders Lui hat Litauen im Baltikum am besten gefallen, Steffi ist da neutraler und findet alle drei Länder super spannend.

Oben: Mittelpunkt Europas bei Purnuškės – zumindest behaupten das die Litauer.
Unten: Der Camping Sunny Nights in der Nähe vom Berg der Kreuze

WATER
SEWERAGE
CHEMICAL
WASTE

Start- und Endpunkt
Von den Masuren vorbei an Väterchen Frost bis Krakau

Streckenlänge
979 km zzgl. 60 km per Fahrrad

Fahrzeit
ca. 17 Std.

Highlights
Masuren
Fahrradtour durch Weißrussland
Zamość

Polen und Weißrussland

DER OSTEN VON POLEN MIT
ABSTECHER ZU VÄTERCHEN FROST IN WEISSRUSSLAND

Von Masuren in Polen haben wir schon viel gehört und fahren deshalb auch in die Region. In Mikołajki lassen wir uns auf dem Camping Wagabunda nieder und erkunden den Ort am Śniardwy, dem größten der masurischen Seen, zu Fuß.

Camping Wagabunda
Ul. Leśna 2, Mikołajki
Tel. +48 87 421 60 18, wagabunda-mikolajki@wagabunda-mikolajki.pl
Geöffnet vom 1. Mai bis 30. September
53°47'43.6"N 21°33'54.0"E

Der beste Ausgangsort für Kanutouren in Masuren ist Krutyń. An der Krutynia wird das Boot ins Wasser gelassen, und nun steht eine Strecke von bis zu 100 Kilometern zur Wahl. Wir machen eine Wanderung zu den nahe gelegenen drei Seen, die sich in einem großen Moor befinden, unterwegs finden wir ein paar Pfifferlinge und sogar einen großen Steinpilz.

Oben: Pilzausbeute nach Wanderung in Masuren
Unten: Masuren ist bekannt für seine Wassersportmöglichkeiten.

Pilzrisotto dauert uns für den Mittag zu lange, deshalb gehen wir gegenüber vom Parkplatz im Restaurant Mazurska essen. Lui entscheidet sich für frischen Fisch, Steffi wählt ihr polnisches Lieblingsessen Pierogi.

Restauracja Mazurska
Krutyń, 34a
Tel. +48 89 742 14 40, www. mazurska.pl
53°41'11.2"N 21°25'47.1"E

Europa hat auch einen Urwald! Ein Urwald definiert sich dadurch, dass er noch nie von Menschenhand angerührt wurde, kein Holzschlag, keine Bewirtschaftung und kein Anpflanzen. Seit 1932 ist dieser grenzüberschreitende Wald in Polen ein Nationalpark, die Kernzone darf wegen des hohen Schutzstatus nur mit Rangern in geführten Touren besucht werden. Hier leben auch die letzten wilden Wisente Europas.

Wir sind auch wegen des Urwaldes hier, aber vorwiegend wegen Land Nr. 42: Weißrussland! Im Nationalpark-Büro in Białowieża können wir das Visum für Weißrussland beantragen.

Dafür brauchen wir unsere Pässe, müssen eine Krankenversicherung abschließen und die Gebühr für die Visabeschaffung bezahlen. Alles zusammen kostet uns 14,70 Euro pro Person. Ein paar Formulare müssen wir noch unterschreiben, verfasst in kyrillischer Schrift. Na, da kann man sich das Lesen sowieso sparen – also zumindest wir können das nicht entziffern. Schon ein paar Stunden später halten wir unsere Tagesvisa für den nächsten Tag in den Händen.

PTTK Białowieża, Guide Service in the National Park
Kolejowa 17, Białowieża
Tel. +48 85 681 22 95, www.pttk.bialowieza.pl
52°42‘00.8“N 23°50‘39.1“E

In der Wartezeit haben wir uns auch schon Fahrräder klargemacht. Gleich gegenüber des Nationalpark-Büros gibt es eine Vermietstation, 7 Euro zahlen wir pro Fahrrad und Tag Miete.

Geschlafen haben wir auf dem Parkplatz des Wildtierparkes von Białowieża, ein ruhiger Platz mit Ausnahme der Tiergeräusche. Da heulen schon mal Wölfe oder die Wisente röhren gelegentlich.

Oben: Per Fahrrad radeln wir im Urwald Europas den Schildern nach.
Unten: Diese Pinie ist 350 Jahre alt – entdeckt am Wegesrand im Urwald Europas.

Freistehplatz Rezerwat Pokazowy Żubrów
Białowieża (Park4Night)
52°42‘15.9“N 23°47‘42.7“E

Am Morgen parken wir schon früh hinter dem Nationalpark-Büro, holen unsere Räder ab und radeln sechs Kilometer zum Grenzposten Pererow. Alles wird genau angeschaut, die Rucksäcke werden inspiziert, und schon sind wir im Land. Nur wenige Meter später müssen wir in einem kleinen Häuschen eine Gebühr für die touristischen Attraktionen hier in der Umgebung zahlen, das geht mit Kreditkarte oder weißrussischen Rubeln. Und jetzt geht es wirklich los.

Wir radeln an einem See vorbei und folgen schon bald den Schildern mit der Aufschrift »Father Frost«. Väterchen Frost ist die Weihnachtsfigur der russischen Märchenwelt. Unterwegs fahren wir durch die weißrussische Seite des Urwaldes, wenn auch nicht durch die Kernzone. So stehen hier vereinzelt richtig alte und große Bäume zwischen deutlich jüngeren.

Bei Väterchen Frost angelangt, zücken wir unsere erhaltenen Tickets und folgen dem Mitarbeiter, der zwar hübsch gekleidet ist, aber nur Russisch spricht, vor ein reich verziertes Haus. Er ruft nun auf Russisch, Steffi auf Englisch (der Text steht auf einem Schild), drei Wiederholungen, dann hören wir Schritte im Haus. Die Tür geht auf und ein Bär von Mann in schimmernder weißer Robe, mit

Каменюки
Поместье Деда Мороза
Kamenyuki
Father Frost's Estate
Внимание!
ATTENTION!
Tour itinerary and resort occupancy is chargeable service.

mächtigem Stock und langen weißen Haaren tritt heraus. Er spricht auf Russisch auf uns ein, merkt unserem Ausdruck aber bald an, dass wir ihn nicht verstehen. Natürlich spricht so eine Legende mehrere Sprachen, und so erklärt er uns nochmals auf Englisch, dass wir nun den Rundgang machen können und uns zum Schluss im Shop noch unser Geschenk abholen sollen.

So machen wir das auch und bekommen zwei verzierte Plätzchen geschenkt. Sehr kommerziell, aber irgendwie war dieser Besuch auch lustig, und wer hat schon ein Selfie mit der russischen Weihnachtslegende? Wir schon!

Gefühlt endlos radeln wir weiter schnurgerade Straßen entlang, bis wir zum Tierpark kommen. Die zwei Bären und der Luchs fristen ein trauriges Dasein in ihren kleinen Gehegen, die anderen Tiere wie Wisente oder Hirsche haben es etwas besser getroffen. Normalerweise besuchen wir keine Zoos. Hier konnten wir nur das Attraktionenpaket lösen und der Radweg geht direkt an den Gehegen vorbei.

Die letzten Tickets haben wir für das Naturmuseum in Kamianiuki. Eine sehr große Ausstellung über mehrere Etagen, die ausgestopften Tiere hätten ab und an aber etwas mehr Liebe beim Präparieren bedurft. Gleich daneben gibt es ein Restaurant und besonders für Lui gehört ja traditionelles Essengehen immer mit dazu. Die Menükarte ist natürlich in kyrillischen Buchstaben, dank WLAN und Google-Photo-Translate wissen wir aber doch so ungefähr, was wir da gerade bestellen und danach mit Appetit essen.

Und dann müssen wir auch schon zurückradeln. Vor der Schließung des Grenzpostens müssen wir ja zurück sein. Wir kommen noch an einer kleinen Siedlung vorbei, werden nochmals ordentlich kontrolliert am Zoll und erreichen nach total 60 Kilometern Tagesdistanz die Vermietstation.

Aufgrund der Distanzen kamen wir aus dieser touristischen Blase nicht heraus, gesehen haben wir nur, was uns Weißrussland auch zeigen wollte und können entsprechend kein wirkliches Fazit zum Land ziehen. Die Kontrolle im Land fühlten wir aber schon und auch im Nachhinein, als ein paar unserer Handybilder von unseren Geräten verschwunden waren. Sich ins WLAN einzuloggen, war wohl doch keine so tolle Idee.

Müde vom Tag, schlafen wir nochmals beim Tierpark, erst am nächsten Morgen fahren wir weiter Richtung Süden und legen zwei Ruhetage am Fluss Bug ein, der hier die Grenze Polen-Weißrussland markiert.

Oben: Ein Selfie mit der russischen Märchenlegende – Väterchen Frost
Unten: Und hier wohnt Väterchen Frost. Wer ihn sehen will, muss ihn 3-mal rufen.

Freistehplatz am Ufer des Bug
Gmina Konstantynów (Park4Night)
52°16'44.9"N 23°09'24.4"E

Erst nach dieser Pause fahren wir nach Zamość, einer polnischen Stadt mit italienischem Flair. Ein venezianischer Baumeister hat am Ortsbild mitgewirkt, und so erscheinen die bunten Häuser am großen Marktplatz Rynek Wielki tatsächlich wie Venedig ohne Kanal. Der Altstadtkern ist sehr überschaubar, wir essen noch eine Kleinigkeit und fahren dann weiter.

Kraków, besser bekannt als Krakau, ist ein beliebtes Touristenziel, das bemerken wir vor Ort sofort. Gefühlt Hunderte Golfwägelchen wurden zu Touristengefährten umgestaltet und tuckern in allen möglichen Sprachen vom Band sprechend durch die Altstadtgassen. Die Stadt ist aber auch schön. Wir schlendern durch die Straßen, kommen an der Krakówer Tuchhallen – der Markthalle – vorbei und gehen natürlich durch das schöne Gebäude hindurch. Hier am Hauptplatz ist auch die Marienkirche sowie zahlreiche Restaurants. Die Burg Wawel liegt etwas südlich auf einem Hügel. Es ist ein ganzer Gebäudekomplex, darunter eine Kirche sowie ein Schloss. Umgeben ist das Ganze von einer Burgmauer und anschließend von einem Park, indem sogar ein Feuer speiender Drache steht. Der Weichsel folgen wir ins jüdische Viertel, wo wir wiederum viele total hippe Straßenküchen und Restaurants finden. Im Restaurant Hamsa lassen auch wir uns mitten in Polen von der israelischen Küche verzaubern.

Restaurant Hamsa
Szeroka 2, Kraków
Tel. +48 515 15 01 45, www.hamsa.pl
Täglich von 10 bis 23 Uhr geöffnet, Samstag und Sonntag ab 9 Uhr
50°03'11.3"N 19°56'51.6"E

In der Dämmerung spazieren wir noch etwas durchs Zentrum, dann nehmen wir uns ein Taxi zurück zum Kemping Clepardia, wo unser Campervan auf uns wartet.

Kemping Clepardia
Henryka Pachońskiego 28, Kraków
(Park4Night)
Tel. +48 795 294 486, clepardia@gmail.com
Geöffnet vom 15. April bis 15. Oktober
50°05'43.0"N 19°56'28.8"E

Polen ist ein riesiges Land, in dem man Jahre reisen könnte und noch immer nicht alles gesehen hat. Wir haben spannende Ecken entdeckt und sehr gut gegessen, dazu kommt, dass Polen für uns eines der preiswertesten Länder in Europa ist. Unterboten wird es nur noch vom nächsten Reiseland, der Ukraine.

Oben: Die bunten Häuserfassaden von Zamość erinnern stark an Italien.
Unten: Blick über die Markthalle bis zur Marienkirche in Krakau

Piwnice
ZWIERZYNIEC
RESTAURACJA MUZEALNA
MUZEUM ZAMOJSKIE ZAPRASZA

Start- und Endpunkt
Von Lviv durch die Waldkarpaten nach Uschgorod

Streckenlänge
547 km

Fahrzeit
ca. 11 Std. 10 Min.

Highlights
Lviv
Westkarpaten mit Mittelpunkt Europas

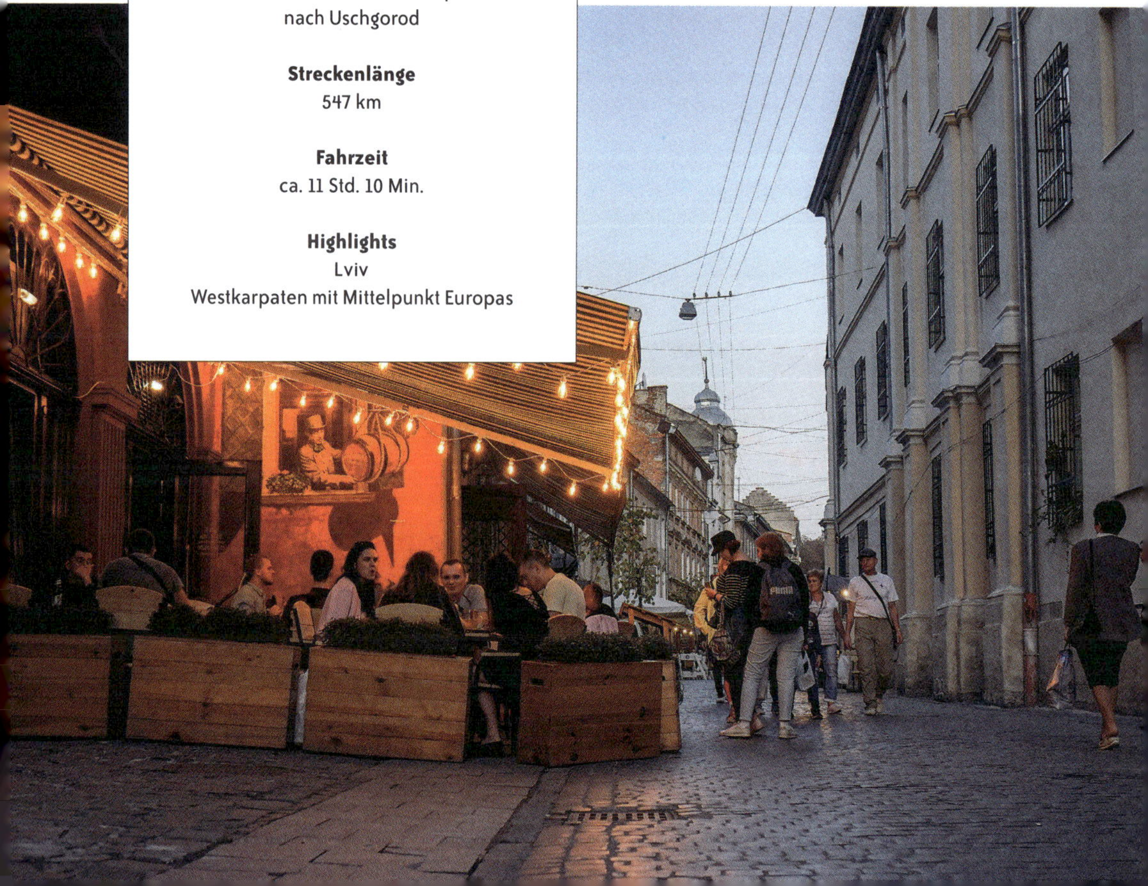

TOUR 37

UKRAINE

Ukraine

NACH LVIV, DER SPANNENDSTEN STADT EUROPAS, UND DURCH DIE WALDKARPATEN

Von Polen kommend reisen wir in die Ukraine ein, machen einen kleinen Marathon am ukrainischen Zoll – wir müssen uns alle Stempel besorgen und eine Gebühr bezahlen. Die Beamten sind nett und hilfsbereit, einer hat sogar etwas gesungen.

Unterwegs durchs Land fallen uns einige unbekannte Automarken auf, die Geschäfte sind alle in kyrillischer Schrift beschriftet, immerhin die Straßenschilder sind auch in lateinischer Sprache verfasst. Den Kulturunterschied zu Polen empfinden wir als groß, der Straßenverkehr ist sehr unkoordiniert, speziell als wir nach Lviv hineinfahren. Das braucht echt Nerven, aber wer frech ist, kommt gut durch.

In Lviv fahren wir mehrere Parkplätze als potenzielle Übernachtungsplätze an. Der eine liegt mitten auf einer Kreuzung, ein anderer so im dunklen Hinterhof, dass wir dort auch nicht schlafen wollen. Wir finden einfach nichts, also suchen wir uns ein Hotel und finden mit dem Dolynskiy eines, in dem unser Campervan im abgeschlossenen Hinterhof sicher parken kann. Noch an diesem Abend gehen wir zu Fuß ins Zentrum, befinden uns sogleich mitten in der lebendigen Altstadt, lauschen Straßenmusikern, trinken ein Bier im dreistöckigen Bier-Theater, während eine Jazzband live performt und fühlen uns auch auf dem Heimweg total sicher.

Hotel Dolynskiy
Dolyns'koho St, 2a, Lviv
Tel. +380 68 252 97 69,
www.hoteldolynskiy.lviv.ua
49°51'03.1"N 24°01'42.4"E

Am Morgen verlängern wir das Hotelzimmer direkt und starten den Tag mit einer Free-Walking-Tour. Die super sympathische Stadtführerin erklärt uns die Geschichte der Stadt, führt uns durch die schönen Gassen und bringt uns in eine geheime Untergrundbar, die nur mit einem Passwort betreten werden kann. Wer hier pro-russische Kommentare

Oben: Einfache, aber tolle Dusche auf dem Camping Misha
Unten: Abendstimmung in der total spannenden Stadt Lviv, auf Deutsch Lemberg

fallen lässt, wandert ins gasthauseigene Gefängnis und darf erst wieder raus, wenn er mindestens eine Strophe der ukrainischen Nationalhymne gesungen hat. Diese Stadt ist richtig cool! Viele Restaurants und Bars laden uns auch am zweiten Abend zum langen Verweilen ein. Den Restauranttipp unserer Stadtführerin Anastacia befolgen wir und stehen beim Ribs-Restaurant At Arsenal an. Als es Platz gibt, werden wir in den Keller geführt, vorbei an zwei riesigen sich drehenden Grills mit Dutzenden Rippenbögen darauf. Die Karte ist klein, wer hierherkommt, will Rippchen essen. Und die bestellen wir uns auch. Besteck gibt es keines, dafür jede Menge Haushaltspapier. Ein einmaliges Ambiente und die weltbesten Rippchen! Was macht diese Stadt nur mit uns, wir sind hin und weg vom Flair von Lemberg, wie Lviv auf Deutsch heißt!

Ribs-Restaurant At Arsenal
5, Pidvalna St, Lviv
Tel. +380 67 373 4151
Täglich geöffnet von 12 bis 0 Uhr
49°50'29.5"N 24°02'06.8"E

An solchen Orten möchten wir jeweils am liebsten für immer bleiben, trotzdem ziehen wir weiter. Was wohl noch alles kommen mag? Außerhalb der Stadt werden die Häuser schnell wieder klein und alt, der Wohlstand konzentriert sich auf die urbanen Zonen.

Die Straßen wechseln von sehr neu und gut zu total zerstört mit vielen Löchern und bis zu 20 Zentimeter tiefen Spurrinnen im Asphalt. Via Iwano-Frankiwsk fahren wir in die Westkarpaten. Wir kommen am Wasserfall Probiy vorbei, wo wir auch anhalten. Steffi schlendert durch den Souvenirmarkt und spielt mit einem Streunerwelpen. Lui beäugt währenddessen kritisch die als Fotomotiv perfekten Steinadler.

Tatsächlich finden wir hier hinten in den Karpaten einen Campingplatz, oder zumindest so etwas Ähnliches. Beim Kemping Misha parken wir abends hinter dem Haus auf einer Wiese. Der Besitzer spricht Ukrainisch, Russisch sowie sechs Wörter Deutsch und vier Wörter auf Englisch. Er macht unter dem Wasserboiler ein Feuer, später können wir warm duschen. Lui hat Erbarmen mit dem Mann, der dort alleine lebt. Also schnappt er sich unsere Schweizer Quittenschnaps-Flasche und bietet ihm einen Schnaps an. Der Besitzer freut sich sehr, schnell ist der Schnaps gekippt und er verschwindet im Gebäude, um kurz darauf mit einer eigenen Flasche Klarem zurückzukommen.

Stellplatz Kemping Misha – an der H09
Keveliv 30, Zakarpatska
Tel. +380 97 446 07 96, Anrufen bei Ankunft
48°11'24.1"N 24°17'47.0"E

Oben: Leckere Rippchen im Restaurant At Arsenal
Unten: Unser Stellplatz im Hinterhof vom Kemping Misha in den Westkarpaten

comewithus2.com

на МУКАЧЕВО
АО 0391 АК
562-21РТ
А0763 ІК

Wie dieser Abend endet, kann sich wohl jeder vorstellen. Sprachbarrieren gab es auf jeden Fall keine mehr, und Steffi hat dann das Steuer am nächsten Tag übernommen.

Weiter geht unsere Fahrt durch die Westkarpaten. Wir kommen ganz in den Süden des Landes, bis an den Grenzfluss zu Rumänien. Es juckt uns in den Fingern, einfach die Grenze zu überqueren, doch wir wollen auch noch mehr von der Ukraine sehen. In Dilowe kommt ein Highlight für uns Europareisende: Der Mittelpunkt von Europa! Wer die vorangegangenen Kapitel – speziell Slowakei und Litauen – schon gelesen hat, der weiß, wir waren bereits an zwei anderen Mittelpunkten Europas und können darüber mittlerweile nur noch lachen. Aber der hier kriegt eine Auszeichnung: Er ist der einzige, mit einem Restaurant daneben und gilt fortan als der leckerste Mittelpunkt ganz Europas. Das Restaurant ist wegen der Dekoration im Inneren eine Sehenswürdigkeit, weiter gibt es eine einzige englische Menükarte, die Bedienung hatte danach aber größte Mühe herauszufinden, wie das Gericht denn nun auf Ukrainisch heißt. Das erhaltene Essen war super lecker.

Mittelpunkt Europas in Dilove
H09, Dilove, Zakarpatska
47°57'48.5"N 24°11'16.9"E
Restauranttipp: Kolyba-Muzey, gleich daneben

Auf der Straße H09 fahren wir noch sehr lange an der rumänischen Grenze entlang. Die Straße ist teilweise in sehr schlechtem Zustand, tiefe Spurrinnen wechseln sich mit großen Löchern ab. Wir fahren nur noch mit etwa 50 Kilometern pro Stunde, kommen entsprechend kaum vom Fleck. Bei der Burg Palanok in Mukatschewe machen wir einen Halt, sie kann auch besichtigt werden.

Etwas außerhalb von Mukatschewe finden wir an einem kleinen See einen Campingplatz. Er ist eher für Zelte gedacht als für Wohnmobile, mit unserem kompakten Campervan passen wir aber trotzdem auf eine Parzelle und verbringen die letzte Nacht in der Ukraine hier am See.

Kempinh Bumeranh
Dyida, Zakarpatska, Tel. +380 67 336 51 61
48°12'53.2"N 22°35'47.0"E

Die Gegensätze in der Ukraine sind groß, ob bei den Gebäuden, den Fahrzeugen oder den Straßenbedingungen. Die Menschen aber sind unglaublich freundlich, in urbanen Zonen sprechen auch sehr viele Englisch. Uns ist aufgefallen, dass viele stets ein Lächeln im Gesicht haben. Diese positive Stimmung hat dazu beigetragen, dass wir uns im Land extrem wohlgefühlt haben. Und Lviv ist sowieso eine Liga für sich, für uns die spannendste Stadt, die wir in Europa bisher bereist haben.

Oben: Straßenverkehr aus der Vergangenheit überall in der Ukraine
Unten: Souvenir-Markt am Wasserfall Probyi

Start- und Endpunkt
Von Valletta bis zur Nachbarinsel Gozo

Streckenlänge
142 km

Fahrzeit
ca. 5 Std. 35 Min.

Highlights
Valletta
Marsaxlokk
Mdina
Insel Gozo

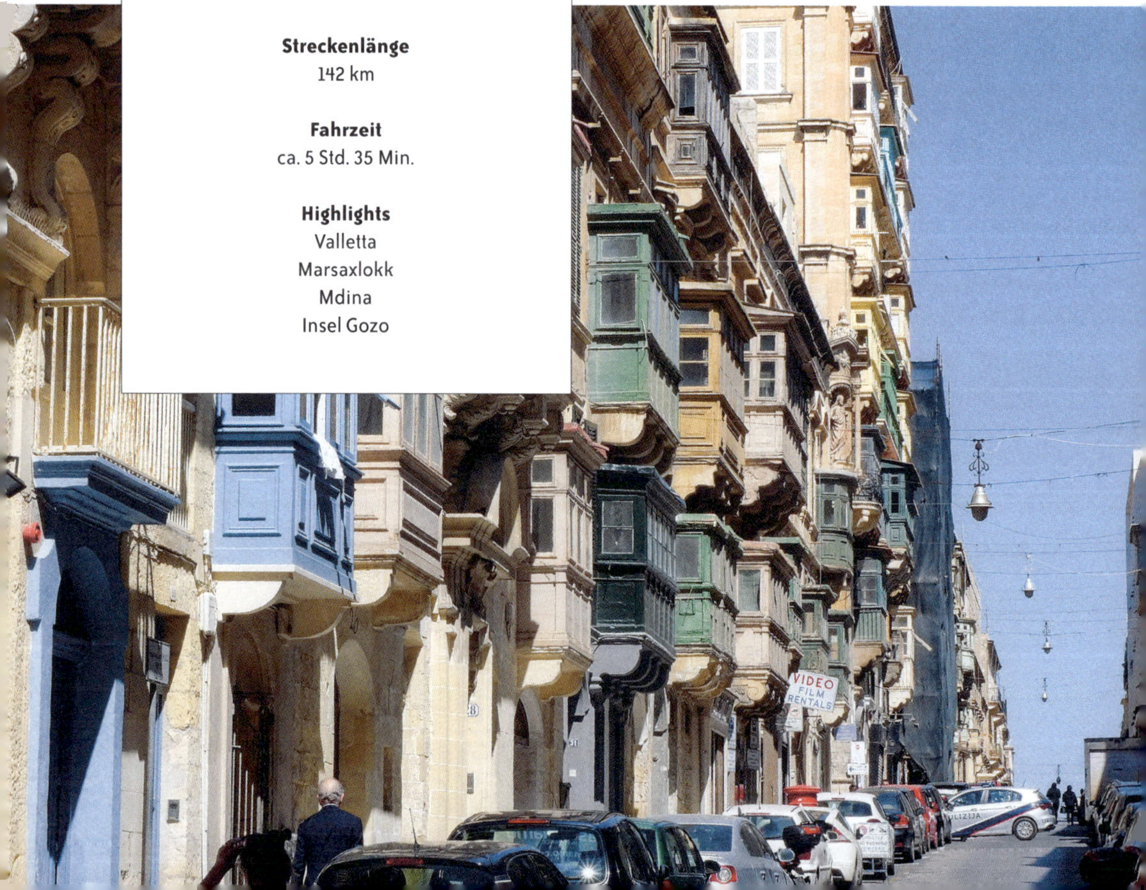

TOUR 38

MALTA

Malta

INSELERKUNDUNG IM WINTER

Malta liegt nie am Weg, aber gehört natürlich zu den 47 Ländern Europas dazu. Per Fähre sind wir in den Zwergstaat ganz im Süden gereist und konnten so schon vom Wasser aus die Schönheit Vallettas bestaunen. Nochmals gilt Linksverkehr, nach unserer Großbritannien- und Irland-Erfahrung dauert es ganze 200 Meter, dann ist Steffi wieder in ihrem Element.

Auf Manoel Island parken wir unseren Campervan und fahren per Passagierfähre ins Zentrum. Die Festungsstadt zählt als Gesamtmonument zum UNESCO-Welterbe. Kein Wunder, hier fühlen wir uns direkt in die Geschichte zurückversetzt.

Unterwegs ins Zentrum staunen wir immer wieder über die tollen Häuser, die fast alle mit mehreren bunt gestrichenen Holzerkern versehen sind. Wir schlendern durch die Gassen und kommen an den Upper Barrakka Gardens vorbei, wo wir die tolle Aussicht auf den Hafen genießen. Langsam spazieren wir zurück, denn obwohl uns der Parkplatz als möglicher Übernachtungsort empfohlen wurde, fahren wir lieber etwas weg vom Trubel. In der Rinella Bay finden wir ein ruhiges Plätzchen mit Blick auf Valletta und bleiben. Leider verläuft die Nacht nicht ganz so ruhig wie ursprünglich gedacht, ein paar Jugendliche testeten die Soundanlagen ihrer Autos bis 2 Uhr in der Früh …

Oben links: Die bunten Fischerboote im Hafen von Marsaxlokk
Oben rechts: Die traditionelle Speise Maltas – Pastizzi
Unten: Die typischen Erker in Valletta

Freistehplatz Rinella Bay
Rinella, Il-Kalkara
35°53‘35.7“N 14°31‘34.7“E

Als Nächstes steht Marsaxlokk auf dem Plan. Ein kleiner Fischerort mit einer sehenswerten Promenade. Viele sehr bunte Holzschiffchen liegen im klaren Wasser vor Anker. Der Promenade entlang findet ein Markt statt, sonntags soll es dort auch Fisch zu kaufen geben. Auf dem Rückweg sehen wir die Pastizzeria Sphinx und in deren Vitrine entdecken wir die maltesische Spezialität Pastizzi. Wir probieren alle drei Sorten des Strudelteig-Gebäcks, gefüllt mit Käse, Erbsenmousse und

Hühnchen. Dazu gibt es ein kaltes Cisk, ein lokales maltesisches Bier.

Nur wenige Fahrminuten außerhalb des Örtchens sind die St. Peter Pools. Eine wahre Farbenpracht, die das Meer hier zeigt und ein Ort, um gemütlich zu baden oder sich wie viele andere wagemutig von den Klippen ins Wasser zu stürzen.

Diese Nacht stehen wir an den Dingli Cliffs, genießen einen wunderbaren Sonnenuntergang und haben danach hier mitten im Nirgendwo eine angenehm ruhige Nacht.

Freistehplatz Dingli Cliffs
zwischen Dingli und Si iewi
35°50'42.6"N 14°23'48.2"E

Ein Regentag lässt uns zügiger fahren als geplant, deshalb erreichen wir Gozo bereits am Tag darauf und sind schlussendlich unglaublich froh über diese Wendung. Wir hätten der kleinen Insel nie so viel Zeit gewidmet.

Per Fähre überqueren wir die kurze Strecke und fahren weiter bis in den Hauptort Victoria. Eine ebenfalls wunderschöne mittelalterliche Stadt, bekannt wegen der Zitadelle mit der Befestigungsmauer. Die schauen wir uns nach einer maltesischen kalten Platte im Piazza Café vor der St. George's Basilika an.

Am Nachmittag fahren wir zum Azure Window, obwohl dieser Steinbogen bei einem kräftigen Sturm zerstört wurde. Dieser Küstenabschnitt ist trotzdem schön, und vor allem entdecken wir einen Übernachtungsplatz, der jedem Freisteher das Herz aufgehen lässt. An der Klippe stehend überblicken wir das Meer und schlafen mit dem Rauschen des Meeres ein.

Freistehplatz Azure Window
Triq Il Gebla Tal General, San Lawrenz
36°02'59.4"N 14°11'27.6"E

Gestern haben wir am Wegesrand eine tolle Kirche gesehen, heute fahren wir deshalb zur Basilika Ta'Pinu und schauen sie uns genauer an. Ein beeindruckender Bau. Nach der Besichtigung folgen wir der Straße weiter, die immer enger wird und kommen zum Wied Il-Mielaħ. Es gibt sehr wohl noch einen Felsbogen auf Malta, aber der ist für Reisebusse nicht erreichbar. Gut so, finden wir, und genießen den Moment hier ganz für uns. Eigentlich wollten wir heute schon zurück auf die Hauptinsel, doch ein paar Hundert Meter weiter finden wir einen Ort, an dem wir einfach bleiben müssen. Ein Freistehplatz auf der Klippe mit Blick übers Meer, weit ab von jeglicher Zivilisation. Freunde gesellen sich noch zu uns, die zufällig auch in der Gegend

Oben: Die Basilika Ta'Pinu erregte unser Interesse schon beim Vorbeifahren.
Unten: Unser Platz für die Nacht am Azure Window auf der Insel Gozo

waren. Zwei Nächte lang genießen wir vier diesen perfekten Ort nur für uns.

Die Steinwelle etwas östlich von unserem Freistehplatz ist ebenfalls sehenswert, wir waren zum Sonnenuntergang dort. Wied il-Għasri besuchen wir auf der Weiterfahrt, es ist eine fjordähnliche Meereszunge, die sich ins Inland vorzwängt und hübsch anzuschauen ist. Weiter an der schmalen Küstenstraße entlang folgen die Salzpfannen. Unzählige Becken sind in den Stein gehauen, im Sommer wird hier das Salz aus dem Meerwasser gewonnen. Im kleinen Küstenörtchen Marsalforn kaufen wir uns nochmals Pastizzi, die sind unsere Verpflegung für die Fähre, die uns nun wirklich wieder zurück auf die Hauptinsel Malta bringt.

Freistehplatz Klippen bei Wied Il-Mielaħ
Schotterstraße zwischen Wied Il-Mielaħ und Wied il-Għasri
36°04'48.3"N 14°13'00.8"E

Ganz in der Nähe des Fährhafens liegt das Popeye Village, eine Filmkulisse für den 1979 gedrehten Popeye-der-Seemann-Film. Wir gehen zu Fuß am Haupteingang vorbei, folgen der Straße noch etwas und haben nun von

Traumhafter Stellplatz an den Klippen bei Wied Il-Mielaħ

außerhalb des Geländes den perfekten Blick auf das nachgebaute Fischerdorf.

Den Abend lassen wir im Sea View Café in Il-Mellieħa ausklingen. Von dort überblicken wir die gesamte Mellieħa Bay. In Mellieħa selbst übernachten wir dann auch auf dem einzigen mehr oder weniger offiziellen Stellplatz von ganz Malta. Es ist zudem der einzige Ort, wo es eine Entsorgungsstelle gibt (hinter der öffentlichen Toilette) und Frischwasser (Anschluss in der Männertoilette) aufgetankt werden kann.

Stellplatz Area Sosta Camper Mellieħa
Għadira, Mellieha
35°58'27.7"N 14°20'59.6"E

Heute Abend fährt bereits unsere Fähre zurück nach Sizilien, da wollen wir den Tag doch noch nutzen, um uns die alte Hauptstadt Mdina anzuschauen. Bereits beim Eingangstor zur Altstadt fühlen wir, dass die Zeit hier stehen geblieben ist. Das mittelalterliche Stadtbild ist perfekt in Schuss, der für Malta typische Sandstein lässt die damit erbauten Gebäude im Sonnenlicht strahlen. Die Gassen sind eng, aber doch breit genug, damit die schmalen Kutschen durchkommen, was in der Vergangenheit wohl noch wichtiger war als heute. Wir verlieren uns voll und ganz im Flair von Mdina und in den unzähligen kleinen Details wie den außergewöhnlichen Straßenlampen oder den interessanten, kleinen Geschäften.

Da Malta sehr überschaubar ist, sind die Distanzen kurz und wir sind schnell zurück am Fährhafen in Valletta. Dort ist die Zeit gekommen, das Nationalgetränk zu probieren. Kinnie ist ein mit Kohlensäure versetztes Mixgetränk aus Bitterorange mit Kräutern und schmeckt eiskalt total lecker. Und dann müssen wir auch schon auf den schnellsten Fährkatamaran Europas. In eineinhalb Stunden werden wir bereits zurück auf Sizilien sein.

Malta und ganz speziell Gozo haben uns richtig gut gefallen und obwohl nur minimale Infrastruktur für Camper besteht, ist es mitunter das Land der schönsten Übernachtungsplätze. Schade, dass es so weit weg ist, wobei das vielleicht auch gut so ist, damit die kleine Insel das unentdeckte Juwel bleibt, das es ist.

Oben: Spannende Dekorationen in den Gassen von Victoria auf Gozo
Unten: In der alten Hauptstadt von Malta – Mdina

ATKINSON'S
BEVERAGES
ATKINSON
MALTA
HOUSE OF GOZO
Maltese Archipelago
Travel Prints
& Cultural
Gifts

45 von 47 Ländern – wie es weitergeht

ISLAND UND KASACHSTAN WARTEN NOCH AUF UNS

Wer mitgezählt hat, weiß, wir haben aktuell 45 Länder Europas bereist, zwei fehlen also noch. Zum einen ist das Island. Die Insel im Norden stand eigentlich im Sommer 2019 auf dem Plan, doch andere Projekte kamen dazwischen, und wir wollen uns schon mindestens drei Wochen Zeit für Island lassen. Steffi gerne auch etwas mehr, da sie total vernarrt in die Islandpferde ist und gerne eine mehrtägige Reittour machen möchte.

Und zum anderen fehlt uns noch Kasachstan. Aber Kasachstan gehört doch nicht zu Europa, denkst du jetzt vielleicht. Doch wir orientieren uns am geografischen Europa, und dazu gehört der Teil Kasachstans, der westlich des Uralgebirges liegt. Auch Russland oder die Türkei liegen auf zwei Kontinenten und zählen zu unseren 47 Ländern. Und da wir gerade bei den Grenzfällen sind: Zypern und Georgien zählen wir nicht mit, da sie geografisch nicht zum Kontinent Europa gehören.

Oben: Schienenwanderung auf dem Pelion in Griechenland
Unten: Eine der tollsten Passstraßen Norwegens – Schneestraße – Snovegen

Wenn unsere Kasachstan-Tour endlich ansteht, fahren wir fast gezwungenermaßen auch richtig weit durch Russland. Und dann können wir unser Versprechen einlösen, auch das Abenteuer Russland so richtig zu starten. Steffi paukt aktuell übrigens schon etwas Russisch, angefangen beim kyrillischen Alphabet. Für beide Länder – Kasachstan und Russland – wird uns das hoffentlich eine große Hilfe sein.

Doch für dieses Buch endet unsere Reise hier vorläufig, aber in Wirklichkeit ist sie noch lange nicht zu Ende. Unsere gesamte Tour haben wir übrigens auch verfilmt und auf YouTube hochgeladen. In über 300 Videos nehmen wir dich dort mit durch Europa. Wenn du also noch nicht genug hast, dann kannst du einfach auf YouTube unter »comewithus2« reinschauen.

Wir wünschen dir allzeit gute Fahrt und stets mindestens eine Handbreit Luft um deinen Campervan herum!

Herzliche Grüße von deinen Reisefreunden
Steffi Rickenbacher & Lui Eigenmann

IMPRESSUM

Verantwortlich: Kerstin Thiele, Sarah Schindler
Lektorat: Daniela Hansjakob
Layout: Eva-Maria Klaffenböck
Umschlaggestaltung: Nina Andritzky
Repro: LUDWIG: media
Kartographie: Kartographie Huber, Heike Block
Herstellung: Anna Katavic
Printed in Slovenia by Florjancic

★★★★★

Sind Sie mit diesem Titel zufrieden? Dann würden wir uns über Ihre Weiterempfehlung freuen. Erzählen Sie es im Freundeskreis, berichten Sie Ihrem Buchhändler, oder bewerten Sie beim Onlinekauf. Und wenn Sie Kritik, Korrekturen, Aktualisierungen haben, freuen wir uns über Ihre Nachricht an Bruckmann Verlag, Postfach 40 02 09, D-80702 München oder per E-Mail an lektorat@verlagshaus.de.

Unser komplettes Programm finden Sie unter

www.bruckmann.de

Bildnachweis:
Alle Fotos sind von den Autoren.

Umschlagvorderseite: Die Halbwüste Bardenas Reales, Spanien
Seite 2/3: Gorge du Verdon, Frankreich
Umschlagrückseite: Insel Gozo, Malta

Die Deutsche Nationalbibliothek verzeichnet diese Publikation in der Deutschen Nationalbibliografie; detaillierte bibliografische Daten sind im Internet über http://dnb.d-nb.de abrufbar.

5. aktualisierte Neuauflage

ISBN 978-3-7343-1592-3